KB043462

정의를
위하여

정의를 위하여

비판적 저항으로서의 인문학적 성찰

ⓒ 강남순, 2016

초판 1쇄 펴낸날 2016년 7월 18일
초판 3쇄 펴낸날 2017년 9월 25일

지은이 강남순
펴낸이 이건복
펴낸곳 도서출판 동녘

전무 정낙윤
주간 곽종구
책임편집 이환희
편집 구형민 최미혜 사공영 김은우
미술 조정윤
영업 김진규 조현수
관리 서숙희 장하나

인쇄·제본 영신사 **라미네이팅** 북웨어 **종이** 한서지업사

등록 제311-1980-01호 1980년 3월 25일
주소 (10881) 경기도 파주시 회동길 77-26
전화 영업 031-955-3000 편집 031-955-3005 **전송** 031-955-3009
블로그 www.dongnyok.com **전자우편** editor@dongnyok.com

ISBN 978-89-7297-771-1 03100

정의를
위하여

비판적
저항으로서의
인문학적 성찰 FOR
JUSTICE

강남순 지음

동녘

일러두기

1. 맞춤법과 띄어쓰기는 '한글 맞춤법'에 따랐다.

2. 외국 인명, 기업명, 단체명 등의 표기는 '외래어 표기법'을
   준수하였다.

3. 본문의 주(註)는 모두 저자의 것이다.

4. 본문에 사용한 기호의 쓰임새는 다음과 같다.
   《》: 단행본 (단,《성경》의 경우 저자의 요청에 따라 '성서'로
   표기하고 기호를 쓰지 않았다.)
   〈〉: 보고서, 단편 소설, 시, 드라마, 노래, 신문 및 잡지 등

5. 인명과 기구·단체명 및 개념어에 원어를 병기하였다.
   단, '예수'의 경우 저자의 요청에 따라 병기하지 않았다.

6. 본문에 등장하는 단행본이 국내에서 번역 출간된 경우
   번역서의 제목을 따랐으며, 원서명의 병기를 생략하였다.

차례

4

희망적인 삶을 위하여:
윤리적 저항

무엇인가를 시작한다는 것은 언제나 그 시작을 가능하게 했던 사건과 사람들을 기억하고 그들에게 감사하는 행위이다. 이 책에 실린 마흔네 편의 글 중 스물여섯 편은 2015년 3월부터 2016년 3월까지 〈한국일보〉에 기고했던 것을, 나머지는 다른 매체에 실렸던 글을 다듬고 보완한 것이다.

　글쓰기란, 그것이 어떠한 형태의 글이든 글로써 이 세계에 개입하는 것이다. 저자는 글로 자신의 인간관, 세계관, 그리고 가치관을 작동시킴으로써 이 세계에 개입한다. 이 점에서 글쓰기란 언제나 정치적 행위이다. 대학교라는 아카데미아의 담을 넘어 소통하는 방식으로서의 글쓰기란 내게는 언제나 무거운, 그러나 참으로 중요한 숙제와 같은 것이다. 또한 이 세계에서 일어나는 일들에 관한 무관심이라는 병으로부터 나를 끄집어내게 하는 지속적인 의무와 같다. 이러한 글쓰기로 내가 의도하는 것은, 기존의 자명하다고 생각되는 상식에 근원적인 문제 제기를 하여 그 자명성에 물음표를 붙임으로써 새로운 인식의 지평을 열고자 하는 것이다.

급진적이라는 뜻의 영어 말 'radical'은 '뿌리로 간다^{going to the root}'는 의미를 담고 있다. 이러한 맥락에서 보자면 나의 글은 급진적이다. 그러한 중요한 과제로서의 급진적 글쓰기를 가능하게 한 공적 공간으로 나를 초대하신 〈한국일보〉의 김범수 부장께 깊은 감사를 전한다. 김 부장께서는 칼럼 공간으로 나를 초대하셨을 뿐 아니라, 글쓰기에서 가장 중요한 '사유의 자유'를 내가 지속적으로 느끼게 하셨다.

책이 나오면 저자의 이름만이 표지를 장식한다. 그러나 책은 보이는, 또는 보이지 않는 무수한 손길을 거쳐 비로소 이 세상에 등장한다. 이 책의 교정과 편집 과정에서 나의 글을 세밀하게 읽어내면서 나의 글이 지금의 형태를 갖추는 것을 가능하게 만든 이환희 편집자께 감사를 전하지 않을 수 없다. 수도 없이 주고받은 이메일로 한국과 미국이라는 지리적 거리를 넘어서는 소통을 하는 과정이 없었다면 이 책은 나오기 어려웠을 것이다. 단순한 기능인이 아닌 소통을 향한 열정과 인간적 따스함을 지닌 편집자를 만난 것은 즐거운 행운이었다.

나의 글은 쉬운 위로와 편안함을 주지 않는다. 많은 이들이 당연하게 생각하는 문제들을 향해 근원적인 '왜'를 묻게 하기 때문이다. 기존의 편안함을 흔들면서 그 안락함의 자리에 내면적 불편함을 들어서게 한다. 나는 이런 나의 글이 상업성과는 거리가 멀다는 것을 잘 안다. 독자들에게 안락한 위로를 주기보다 불편한 성찰을 하도록 촉구하고, 일방적으로 해답을 주기보다 스스로 해답을 찾고 새로운 물음들을 물어야 한다고 말하기 때문이다. 이러한 글이 출판 시장에서 대중적으로 소비되기는 쉽지 않을 것이다. 내 글의 비상업성을 알면서도 책으로 묶어서 출판하겠다고 결정한 도서출판 동녘의 곽종구 주간께 마음속 깊이 감사를 드린다. 상업성보다는 글의 사회적 의미를 먼저 생각하고 출판을 결정하는 출판인을 만나는 것은, 내게 한국사회의 변화를 향한 희망의 끈을 놓치지 않게 한다.

이 책에 실린 글들은 각기 다른 정황 속에서 쓰였다. 다양한 글에 담긴 공통된 흐름이 있다면 그것은 우리가 살아가는 사회에 대한 '비판적 성찰'이다. 사회 구성원들이 각자 몸담은 정황 속에서 스스로 비판적 성찰을 하기 시작할 때, 사회적 변화의 문이 조금씩 열리기 시작한다고 본다.

한 권의 책 읽기를 통해서 우리는 개념들과 만난다. 그 개념들이 담고 있는 것은 다양한 세계이다. 나는 이 책의 독자들이 이전에 묻지 않았던 물음들과 만나고, 자신의 구체적인 삶의 정황 속에서 이전에 묻지 않았던 새로운 물음들을 묻기 시작하게 되기를 바란다. 이 세계에서 일어나는 새로운 변화란 언제나 새로운 물음을 묻는 이들이 일으켰기 때문이다. 쉬운 해답보다 복합적인 질문을 통해서 우리는 하나의 세계가 아닌 다양한 세계와 만나게 된다. 책 읽기란 이러한 의미에서 그 다양한 세계와의 만남이며, 그와 같은 만남으로 나·타자·세계가 더욱 자유롭고 평등해지는 변화의 씨앗을 뿌리게 되는 것이다. 그 씨앗을 품게 하는 모든 분들에게 감사를 전한다.

2016년 7월

강남순

프롤로그

비판적 저항,
인문학적 성찰의 일상화

1960년대 이후 다양한 인문학적 담론과 사회운동의 특성을 아우르는 개념이 있다면 그것은 '비판적 저항'이라고 할 수 있다. 비판적 저항이 모색하는 것은 20세기 초까지만 해도 사람들의 이해 범주에 들어가지 않았던 대상에 정의의 적용을 확장하는 것, 즉 정의가 구체적으로 적용되는 범위를 복합화·급진화하는 것이다. 성별·계층·성적 지향·장애·종교·국적·언어 등 우리의 일상적 삶에서 함께 살아가는 다양한 범주의 사람들이 정의justice의 적용에서 배제되어왔다. 공적 영역에서 이와 관련한 문제 제기가 본격적으로 이루어지기 시작한 것은 1960년대 이후라고 할 수 있다. 보편적 범주의 정의가 배제하여왔던 사람들의 목소리가 부상하기 시작하면서, 정의는 보다 세분화되고 구체화되기 시작했다. 젠더 정의·생태 정의·인종 정의·성性 정의·장애 정의·코즈모폴리턴 정의·세계 정의 등 이전 시대에는 생각하지 않았던 새로운 정의들이 등장한 것이다.

페미니즘·포스트모더니즘·포스트구조주의·퀴어 담론·장애 담론 등 새롭게 부상한 현대 담론들은 인문학의 다양한 분야에 근원적인 변혁을 가져왔다. 더 나아가 여성운동·생태운동·시민권운동·퀴어운동·노동운동·장애인운동 등 구체적인 사회정치적 변혁을 이루고자 하는 운동의 등장을 가능하게 하였다. 현대에 들어와 이렇게 정의를 복합적으로 이해하려는 시도가 등장하자, 그동안 권력의 중심부가 아닌 주변부에 있던 이들에게도 정의의 사회정치적 적용이 다차원적으로 이루어져야 한다는 의식이 확산되었다. 정의의 일상화, 인문학적 성찰의 일상화가 서서히 그 문을 열게 된 것이다.

그런데 인문학적 성찰에서 '인문학'이란 무엇인가. 인간은 철학·문학·예술·역사·언어 등 다양한 인문학 분야에서 자아·타자·세계의 경험을 표현해왔다. 그런 인문학은 그 누구도 간결하게 정의할 수 없는 매우 복합적인 분야이며, 그 개념을 규정하는 것의 불가능성과 필요성이라는 두 축 사이에서 우리는 인문학을 논의할 수 있을 뿐이다. 그럼에도 인문학이 무엇인지 성찰해야 할 필요가 있다.

현대 인문학에서 중요한 요소 중의 하나는, 정형화된 답을 내리고 구하는 것이 아니라 새로운 물음들로 창의적이고 비판적으로 사유하는 것이다. 이 세계 내에서 살아가고 있는 인간을 동물과 다른 존재로 자리매김할 수 있는 것은, 인간만이 '왜'라는 물음을 묻기 때문이다. 물음을 묻는 존재로서의 인간은 먹고 자는 생물학적 생존을 위한 조건이 충족된 후에도 이 삶의 의미가 무엇인가라는 '의미 물음'을 하는 존재이다. 소크라테스Sōkratēs와 같은 인문학자의 위대성은 해답을 내리는 것이 아니라 끊임없이 질문을 던졌다는 점에 있다. 소크라테스를 죽음에 이르게 한 '불경심'과 '청년들을 타락시킨다'는 죄목은 인문학의 의미와 그 사회정치적 함의를 잘 드러낸다. 새로운 물음은 심오한 사유의 세계로의 초청장이며, 비판적 사유는 자명하다고 생각되는 것들에 '왜'라는 물음표를 붙이기에 현상 유지를 지향하는 이들에게는 언제나 '위험'하다. 기존의 전통과 체제를 의심하고 비판하는 것이 시작되는 지점이기 때문이다.

이러한 비판적 사유는 새로운 변혁을 모색하기 위한 비판적 저항으로 이어진다. 그래서 한나 아렌트Hannah Arendt는 "위험한 사상이란 없다. 사유하는 것 자체가 위험한 것이다"라고 했다. 여기에서 아렌트가 말하는 "위험한 것"이란, 비판적 사유가 기존의 권력을 지닌 사람들이나 현실 세계에서 편안함을 느끼는 이들 모두에게 근원적인 도전이 되기에 위험하다는 양가적 의미이다.

언급했듯 비판적 사유는 비판적 저항으로 이어진다. 비판적 저항을 통해서 '보편적' 인간의 범주로부터 배제되었던 '개별인'들로서의 다양한 인간들의 권리·평등·정의가 확장된다. 이러한 권리·평등·정의가 확장되어야 비로소 인간의 자유 역시 확대된다. 그런데 개인이나 집단이 누리는 자유의 정도를 어떻게 측정할 수 있는가. 니체Friedrich Wilhelm Nietzsche는 "저항의 정도"를 말한다. 현대의 다양한 인문학적 담론들은, 비판적 사유와 저항의 중요성을 강조한다. 인간의 자유와 해방의 확장을 위하여 약자들과의 연대 및 사회적 책임의 의미를 인식하게 하는 것, 이것이 바로 비판적 저항으로서의 인문학이다.

그런데 여기에서 '누구'의 저항이며 '무엇을 위한' 저항인가를 점검하는 것이 중요하다. 저항에는 두 종류가 있기 때문이다. 비판적 사유로 각기 다른 두 종류의 저항을 구분할 수 있다. 하나는 반동적 저항이다. 반동적 저항은 권력자들이 사용하는 저항이다. 권력자들이 약자를 진압할 때 쓴다. 다른 하나는 해방적 저항이다. 해방적 저항은 억압적 저항과는 반대로 권력의 중심부 밖에서 자유와 평등의 지평을 확대하기 위한 변혁을 모색하는 저항이다. 해방적 저항, 즉 억압의 구조를 드러내고 구체적인 변화를 요구하는 데 필요한 것이 비판적 사유이다. 해방적 저항에 '비판적'이라는 수식어를 붙이는 이유이다. 현대의 인문학적 담론들은 이러한 비판적 저항의 의미를 다층적으로 제시하고 있는데, 비판적 저항에는 다음과 같은 네 가지 측면이 있다.

첫째, 정치적 저항이다. 세계화 이후 국내정치와 국제정치는 깊숙이 얽혀 있다. 역사교과서 국정화문제, 세월호문제, 난민문제, 노동문제, 테러문제 등 국내는 물론 국제사회의 정치적 정황은 우리에게 '이 세계에서 인간으로 살아간다는 것은 어떤 의미인가'라는 근원적인 질문과 마주하게 한다. 한국사회에서 살아가는 우리 일상생활에서의 삶의 질은 국가가 좌우한다. 우리가 인지하든 못하든 정치는 일상 세계 구석구석에 영향을 미치고 있다. 인간의 자유와 해방을 억압하는 정치, 다양성을 억제하고 획일화하는 정치, 다양한 양태의 적대와 배제를 제도화하는 정치, 생명을 경시하는 정치에 문제를 제기하고 변혁을 요청하는 정치적 저항은 인문학의 실천적 개입이라는 중요한 의미를 지닌다.

둘째, 사회적 저항이다. 현대사회를 분석하고 조명하는 데 사용되는 분석적 틀들이 있다. 젠더·인종·계층·나이·장애·성적 지향·국적 등과 같은 렌즈로 사회 내에서 벌어지고 있는 다층적 차별·배제·억압의 문제를 분석해야 한다. 그러한 차별과 억압을 '정상화normalization'하는 사회 가치 구조를 비판하고 개혁하고자 하는 것은 사회적 저항의 차원에서 매우 중요한 인문학적 과제이다. 역사에서 벌어진 다양한 형태의 차별과 배제, 그리고 억압은 그러한 행위들을 뒷받침하는 인식과 가치체제로 유지되고 재생산되었다. 사회적 저항으로 차별과 배제가 아닌 평등과 정의의 원을 확장하는 것이 중요한 인문학적 과제다.

셋째, 종교적 저항이다. 인류의 역사에서 종교는 억압과 해방이라는 두 종류의 상충적인 역할을 해왔다. 종교는 인간에게 해방과 자유의 삶을 마련해주는 공간이 되기도 했지만, 신이나 진리의 이름으로 다양한 종류의 억압과 폭력 기제들을 정당화해오기도 했다. '진리의 테러리즘'이라는 개념이 등장하는 이유이다. 사람들은 진리와 신의 이름으로 십자군전쟁·마녀화형·종교재판·홀로코스트 등 타자들에게 폭력을 가하고 전쟁을 일으켰다. 과거에만 그런 일이 일어났던 것이 아니다. 21세기에 들어선 현대사회에서도 사람들은 여전히 다양한 형태의 차별이나 폭력을 종교의 이름으로 행하고 있다. 종교의 이름으로 여성·성소수자·타 종교를 배제하거나 그들에게 폭력을 가하는 것을 정당화하는 종교를 분석하고 비판하며 개혁하고자 하는 저항은, 주요한 인문학적 가치인 평화·평등·정의의 확산과 실천이라는 점에서 매우 중요하다.

넷째, 윤리적 저항이다. 윤리적 저항에는 이전의 세 가지 저항과는 조금 다른 특성이 있다. 정치적·사회적·종교적 저항은 제도와 구조적인 면에 초점을 두는 반면 윤리적 저항은 개별인들에 초점을 둔다. 이러한 윤리적 저항은 다른 세 가지 차원의 저항에 자신을 개입하게 하는 원동력이 되기도 한다. 윤리적 저항으로 자신 속에 있는 인간으로서의 이기성, 권력을 향한 집착을 비판적으로 조명하게 된다. 이러한 윤리적 저항은 '너·그들'을 악마화하지 않게 하며, '나·우리' 속의 인식론적 사각지대를 비판적으로 성찰하는 것을 가능하게 한다. '한 개별인으로서 나의 살아감'이란 결국 타자들과 '함께 살아감'이라는 인식을 하게 함으로써 정치·사회·종교적 억압과 차별 구조를 개선하기 위하여 자신을 던지도록 한다.

비판적 저항은 권력의 지배와 억압을 향한 저항이다. 그 저항은 권력을 이미 지닌 사람들이 아니라 그동안 정의와 평등, 그리고 권리의 범주에서 배제되고 외면되어온 사람들의 해방적 지평을 확장하기 위한 것이다. 해방적 지평의 확장이란 추상적인 개념이 아니다. 예를 들어 세월호 참사나 가습기 살균제 피해 사건 등 우리의 구체적 일상생활을 좌우하는 것은 다양한 정치적 기제들이다. 정치적 저항은 우리의 일상생활과 밀접한 연관성을 지니고 있다. 인문학적인 비판적 성찰이 학문 세계의 담 안에 갇혀 있는 것이 아니라 구체적인 일상의 세계 속으로 들어와 개입하는 이유이다.

이러한 맥락에서 보자면 '인문 정신'이란 보다 평등하고, 정의롭고, 평화로운 세계를 구현하고자 하는 연대와 책임적 삶에 자신을 던지는 정신이다. 따라서 인문학적 사유란 우아한 문화 활동이 아니다. 나·타자·세계에 대한 근원적인 물음들과 마주하고 씨름하는 치열한 행위이며, 비판적 성찰과 고뇌의 시간을 통해서 비로소 조금씩 이 세계를 향하여 개입하고 자신을 던지는 사유이고 실천이다. 그러기 위해 필요한 인문학적 소양이란 확실성을 경계하고 불확실성 속에서 사유하는 것이며, 고정된 정답을 찾기보다 새로운 질문을 하는 법을 배우는 것이다. 상투성에 저항하고 자명성에 물음표 붙이기 등으로 그 싹

이 돋아나게 된다.

인문학을 단순한 문화 활동의 영역으로만 이해할 때, 그 인문학은 탈정치화되고 탈역사화된다. 그러한 인문학은 사회나 세계의 한 구성원으로서의 책임을 외면하게 하고, 구체적인 변화가 지속적으로 필요한 실천적 삶에 무관심하게 한다. 인문학을 문화 활동으로만 이해하도록 하는 인문학 프로그램들의 위험성이 바로 여기에 있다. 한국사회에 불고 있는 인문학 열풍이 인문학을 탈정치화함으로써 오히려 인문학이 지닌 중요한 비판적 성찰 기능과 이 세계에 개입하는 의미들을 보지 못하게 할 수 있다는 우려를 하게 되는 이유이다. 비판적 성찰, 해답 찾기가 아닌 새로운 물음 묻기를 통한 세계 개입, 그리고 인류 보편 가치로서의 정의·평화·평등·연대의 가치를 보다 확장하고 실천하기 위한 비판적 저항으로서의 인문학이 그 기능을 하게 될 때, 비로소 인문학의 정신은 21세기를 살아가는 우리에게 중요한 의미로 자리매김하게 될 것이다.

이 책은 그런 비판적 저항으로서의 인문학 정신에 입각하여 우리가 살아가는 이 현실 세계를 성찰한 바를 담은 나의 글을 모은 것이다. 매 글마다 각기 다른 정황에 나는 개입하고 있다. 그럼에도 이 책에 실린 마흔네 편의 글을 아우르는 흐름이 있다면, 그것은 현대사회가 지향해야 할 가장 중요한 가치 중 하나인 '정의'에 대한 나의 다층적 관심이다. 정치·사회·종교 분야에 우리가 관심 갖고 윤리적으로 개입하고 비판적으로 문제 제기하는 것은, 이 세계에서 정의와 평등이 보다 확산되는 것을 모색하는 데 없어서는 안 되는 중요한 요소이며 모든 변화의 출발점이다. 모든 이들의 정의·평등·권리의 확장이라는 목표와 관점에 근거한 비판적 문제 제기로 남성·비장애인·이성애자·백인 등과 같이 한 사회의 중심부에 속한 사람만이 아니라 여성·장애인·성소수자·인종적 소수자·빈곤층 등이 정의와 평등의 적용 범주에 들어가기 시작할 수 있었다.

정치·사회·종교·우리의 윤리적 책임이라는 네 가지 분야에서의 비판적 문제 제기는 많은 경우 거시적 차원에서 이루어진다. 이러한 거시적 관점에서 제기되는 문제들을 면밀히 들여다보면서 우리 각자는 자신이 관여하고 개입되어 있는 구체적인 정황들에서 그 대안을 스스로 찾고 만들어가야 한다. 이 책은 더 정의로운 세계를 향한 여정에 들어서는 그 발걸음을 함께 시작하자는 초대장이다.

책이 출판되자마자 저자는 사라진다. 이 책을 읽는 독자가 자신의 구체적인 정황 속에서 이 책과 만나면서 또 다른 의미의 제2의 저자가 되는 것이다. 더욱 정의로운 세계를 향한 갈망을 담은 이 책이, 무수한 제2의 저자들을 통해서 '나'의 초대장만이 아니라 '우리'의 초대장이 되기를 바란다.

1 ———————— 정의로운 정치를 위하여

정치적 저항

*
*
*

이 세계에서 '살아있음'이란 자유를 지닌 존재로서
살아있다는 것을 의미한다. 이러한 의미에서
자유를 지켜내기 위한 저항은 살아있음의
확인이다. 희망의 근거는 보장된 승리에 있는 것이
아니다. 오히려 새로운 세계와 정치를 향하여
씨름하는 그 과정 자체 속에 바로 희망의 근거가
있다. 이기는 싸움이기 때문이 아니라 해야 할
싸움이기에 싸우고 저항해야 한다.

'수단의 나라'에서 '목적의 나라'로

칸트^{Immanuel Kant}는 세계의 영구적 평화를 위한 구상에서 '목적의 나라^{kingdom of ends}'라는 이상을 제시한다. 세계의 진정한 평화를 이루기 위해서는 이 세계가 '수단의 나라'가 아닌 '목적의 나라'가 되어야 한다는 것이다. 칸트의 '목적의 나라'는 한 사회는 물론 세계의 진정한 평화·평등·정의를 위하여 필요한 매우 중요한 개념이다. 이 '목적의 나라'에서는 그 어느 인간도 결코 수단으로 취급하지 않는다. 모든 인간이 존재 자체로서 목적이 되는 것이다.

국가는 그 땅에 살아가고 있는 국민이 수단이 아니라 그 존재 자체가 목적인 삶을 살아갈 수 있도록 다양한 제도적 보장을 해주어야 하는 의무를 지닌다. 또한 국민은 제도적 보장으로 경제·사회·문화적 삶의 터전 위에서 인간으로서의 존엄성을 지켜내며 살 수 있는 권리를 가진다. 국가로부터 '시혜'를 받는 것이 아니라 이 땅을 살아가고 있는 국민으로서의 '권리'를 갖는 것이다. 국가가 국민을 위한 포괄적인 사회보장제도를 만들어내는 것이 중요한 이유이다. 안전과 생존, 그리고 인간으로서 지닌 문화적 욕구 등이 다층적 보장제도들로 확보되어야 한다. 소위 선진국이라는 나라들이 모든 국민을 위한 다차원적 사회보장제도에 주력하는 이유이다. 국민이 수단이 아닌 목적으로 살아가는 것이 가능한 사회를 만드는 것이야말로 진정으로 평화로운 나라와 세계를 위한 길이기 때문이다. 그런데 18세기 칸트의 '목적의 나라'라는 이상이 21세기 한국을 살아가는 우리와 무슨 상관이 있는가.

'대한민국 어버이연합(이하 어버이연합)'에서 '어버이들'에게 2만 원의 일당을 주면서 갖가지 집회에 동원하였다고 했다. 이 뉴스가 발표되자 '가스통 할배'라는 별명을 지닌 이들을 향한 비난이 소셜 네트워크 서비스(이하 SNS)상에서 쏟아진다. 그런데 이 '어버이들'을 모두 하나의 집단적 범주 속에 넣어버리고 그들 개개인의 개별성을 보지 않는 이러한 태도는, 사실상 인식론적 폭력이다. 특정 그룹의 사람들을 복수複數의 표지 아래에서만 보고자 할 때, 우리는 그 사람들을 이미 비인간화시키게 된다. 그 '어버이들'도 사실상 그들을 비난하는 사람들과 마찬가지로 고유한 목소리와 얼굴과 욕구가 있는 인간 생명이라는 사실을 인정하지 않는 것이다. 특정 집단에 속한 사람들의 개별적 얼굴을 외면하고 악마적 표지를 붙이는 것은 쉽다. 그러나 그러한 비인간화와 악마화는 우리 사회에서 파괴적 에너지만을 분출할 뿐, 사회변혁의 힘으로 전환되지는 않는다. 나와 다른 타자를 향한 인식론적 폭력을 피하는 것은 그들을 개별 생명으로 보려는 노력으로부터 출발한다. 그들을 향한 맹목적 비난만이 아니라 그들의 개별적 얼굴 뒤에 무엇이 있는가를 먼저 들여다보려는 물음이 필요하다.

이 사건은 우리에게 두 가지 상충적인 과제를 던지고 있다. 우선 우리는 '어버이연합'의 이름으로 이제까지 행하여진 여러 폭력 행태에 정치적 비판의식을 분명히 작동시켜야 한다. 동시에 또 다른 한편으로는, 그 집단적 표지 뒤에 있는 '어버이들'의 개별적인 얼굴을 보는 윤리적 의식도 작동시켜야 한다. 그들은 누군가의 아버지나 어머니이고, 딸과 아들이고, 아내나 남편이고, 친구이다. 그러한 그들이 특정한 정치적 시위에 동원되는 2만 원짜리 부품으로 자신을 내던지게 된 이면을 들여다보아야 하는 것이다. 끈기 있는 인내심이 필요한 이유이다. '어버이연합' 회원들은 '목적의 나라'가 아닌 '수단의 나라'의 시민이 어떤 모습인지를 적나라하게 보여준다. 정부체제를 강화하고 지원하는 갖가지 정치 시위에 맹목적인 동원의 수단으로 소비되는 '어버이들'의 모습은, 국가의 실패를 고스란히 드러낸다. 대한민국의 참담한 자화상이며 현 주소이다.

그들에게 허용된 공적 세계, 사회경제적 주변부에서 살아가고 있는 그 어버이들이 자신의 존재감을 드러낼 수 있는 곳은 그런 극단적 시위 공간일 뿐이다. 시위에 동원되어 나온 어버이들 대부분은, 국가가 복합적인 사회제도적 보장을 해주지 않는 구조 속에서 살아야 하는 이들이다. 맹목적 반공의식과 폐쇄적 애국심으로 무장한 것 같지만 대부분 '어버이들'이 '어버이연합' 모임에 오는 진짜 속내는 두 가지, 경제적 어려움과 관계에서의 고립감이다. '어버이연합' 회원을 대상으로 벌인 한 신문사의 설문 조사에 따르면, 응답자의 대다수인 72.8퍼센트의 월 평균 수입이 30만 원 미만이며, 10만 원 미만인 이들도 29.4퍼센트에 달했다고 한다. 시위에 동원된 60~70대 사람들에게 2만 원이란 푼돈이 아니라 거금이며, 생존의 테크닉인 것이다. 돈도 없고 감정적 위로를 받을 수 있는 관계조차 없이 '잉여적 존재'로서 살아가는 이 어버이들이 하루하루 생존의 가능성과 의미를 찾을 수 있는 곳은 없다. 그들의 생존의 테크닉은 사유의 포기이며, 스스로 부품으로서의 삶을 받아들이는 것이다. 더구나 탈북자라는 표지를 늘 달고 살아야 하는 이들이라면, 국가가 최소한의 보장도 해주지 않는 상황에서 그들의 삶에는 사실상 선택의 여지가 별로 없다. 유급 시위자로 동원되는 것이라도 그나마 감지덕지해야 할 판이다.

만약 국가가 '어버이들'이 다양한 욕구와 개성을 지닌 고유한 개별 인간으로서의 삶을 유지하고 영위할 수 있는 최소한의 경제적이고 사회문화적인 보장들을 해주고 있었다면 그들이 자신을 2만 원 부품으로 사용되도록 했을까. '어버이들'이 2만 원 부품으로 자신을 내던지게 한 가장 커다란 책임은 국가에 있다. '어버이연합' 사건은 한국이 '목적의 나라'라는 이상에 좀 더 가까이 가는 것이 아니라 거꾸로 '수단의 나라'로 퇴행하고 있음을 보여주는 예증의 하나이다. 한국의 선진성과 국격은 눈에 보이는 경제적 업적·관광객 유치·올림픽 유치로 담보되는 것이 아니다. 더 많은 이들이 수단과 부품의 삶에서 벗어나 살 수 있도록 복합적인 삶의 조건을 마련하는 사회보장을 제도화하고, 그들을 위한 다양한 문화적·사회적 공간을 창출해야 한다. 즉, '수단의 나라'가 아닌 '목적의 나라'에 보다 가까이 접근해가는 것이 바로 국가의 격조를 높이는 것이며 선진화로 나아가는 방식이다.

칸트의 '목적의 나라'라는 정치윤리적 이상은 우리의 현실에서 완벽하게 구현하기 어려운 불가능성의 세계를 제시하는 것 같다. 그러나 이 '목적의 나라'라는 이상은 한 사회가 나아가야 할 방향이 어디여야 하는지를 분명하게 제시하고 있다는 점에서 매우 중요하다. 국가가, 그리고 한 사회가 궁극적으로 지향해야 할 목표를 설정하기 위한 중요한 참고서의 역할을 할 수 있다는 것이다. 목적의 나라의 이상은, 정치·경제·교육·종교·시민운동 등 우리의 구체적인 삶의 공간에서 다양한 종류의 크고 작은 '목적의 공동체'를 이루기 위한 지속적인 참고 지표이다. '어버이연합' 사건은 21세기의 한국사회에서 우리가 씨름해야 할 커다란 물음과 과제를 던지고 있다. '수단의 나라'가 아닌 '목적의 나라'에 보다 가까운 가치들을 제도화하는 사회를 만들어가는, 거시적이고 미시적인 실천을 위한 헌신과 열정으로 우리를 소환하는 것이다.

미셸 푸코Michel Foucault에 따르면 국가가 지닌 통치권력은 생명과 죽음에 대한 권력이다. 국가는 국가의 통치를 받는 사람들의 생명을 보호하거나 죽게 하는 권력인 '생명권력biopower'을 지니고 있다는 것이다. 2014년 4월 16일에 일어난 세월호 참사는 어떻게 국가의 통치권 아래 사는 생명이 전혀 보호받지 못하고 오히려 방치에 따른 죽임을 당하였는가를 적나라하게 보여준다. 세월호 참사는 국가의 '생명권력'이 생명을 보호하는 '생명정치biopolitics'가 아니라 그 생명을 죽음으로 이르도록 방치하거나 죽이는 '죽음정치thanatopolitics'로 행사된 사건이다. 죽음정치는 여전히 도처에서 작동하고 있으며, 그로 인해 앞으로도 제2, 제3의 세월호 참사가 일어날 수 있다는 점에서 심각한 문제다. 세월호 참사를 망각하지 말고 보다 분명하게 의도적으로 기억해야 하는 이유이다. 그런데 세월호 참사를 기억한다는 것은 정작 무엇을 의미하는가. 무엇을 기억하는 것이며, 그 기억은 어떠한 기능을 하는가.

　세월호 참사를 기억한다는 것에는 두 가지 기억, 즉 개인적 기억과 집단적 기억의 차원이 있다. 또 그 기억이 우리 사회에서 변혁적 힘으로 작동해야 한다는 것을 의미하기도 한다. 소위 '기억의 정치학politics of memory'이 들어서는 지점이다. 기억의 정치학은 역사 속에서 이중적 기능, 즉 부정적 또는 긍정적 기능을 행사하여왔다. 한편으로 국가나 특정 집단들이 지닌 권력을 확장하기 위한 정치적 도구로 쓰이곤 했다. 이럴 때 특정한 사건들에 대한 기억은 역사에서 제거되고, 조작되며, 왜곡된다. 그런데 또 다른 한편으로 기억의 정치학은 개인적이고 집단적인 차원에서 모든 이들의 생명 존중과 정의를 확장하기 위한 새로운 사회변혁적 원동력을 제공하는 기능을 하기도 했다. 세월호 참사가 유의미한 역사적 사건이 되기 위하여 이러한 '긍정적인 의미의 기억의 정치학'을 지속해서 재구성하고 확산해야 하는 이유이다. 변혁적인 기억의 정치학이 구성되기 위해서는 다음과 같은 점들을 성찰해야 할 것이다.

　첫째, '낭만화된 기억'을 넘어서야 한다. 낭만화된 기억은 세월호 참사가 지닌 정치적이고 사회적인 함의들을 지극히 개인적이고 사적인 문제로만 이해하게 한다. 광화문의 유가족을 바라보며, 또는 세월호 '기억의 숲'에서 눈물을 흘릴 수 있지만 그 눈물이 변혁의 힘으로 연계되는 연대와 책임의식으로까지 이어지지 못하는 것이다. 낭만화된 기억의 한계이며 함정이기도 하다.

둘째, 세월호 참사의 기억은 '정치화된 기억'이 되어야 한다. 여기에서 정치화된 기억이란, 특정 정당과 연계된 의미가 아니다. 2014년에 일어난 세월호 참사가 일회적이거나 사적이고 개인적이기만 한 것이 아니라 사회적 사건이며 정치적 사건이라는 인식을 말한다. 이렇게 정치화된 기억은 구체적인 우리 개인의 일상생활이 얼마나 정치적이고 사회적인 문제들과 밀접하게 연결되어 있는가를 보게 한다. 책임 있는 시민으로서의 의식을 더욱 분명히 형성하게 하는 것이다. 나아가 책임 있는 시민으로서의 의식을 확고히 할 때, 쉽사리 허위적인 정치적 공약·퍼포먼스·프로파간다 등에 조종당하지 않는다.

셋째, '죽음의 정치'가 아닌 '생명의 정치'를 확장하는 변혁을 향한 책임과 열정을 지니는 기억이 되어야 한다. 세월호 참사를 역사적으로 의미 있는 사건으로 만드는 것은 우리 자신이다. 국가권력이 모든 생명을 보호하고 그 삶의 질을 확장하는 진정한 의미의 '생명정치'를 해야 한다는 분명한 인식을 우리에게 각인시키는 의미가 되어야 한다는 것이다. 만약 세월호에 평범한 직업을 가진 서민 부모가 아니라 한국사회에서 부와 권력을 지닌 소위 특권층 부모를 둔 아이들이 탔었다면 304명은 전원 구조되었을 것이라고 나는 여전히 생각한다. 또는 필리핀과 같은 제3세계 시민이 아니라 미국과 같은 제1세계 시민이 그 세월호 희생자 중에 있었다면, 세월호 침몰 후 일곱 시간이나 잠적한 대통령의 행방을 수년이 지나도록 국민이 전혀 모르는 채로 남겨져 있지 않으리라고 생각한다. 세월호 참사가 단지 운이 없는 교통사고나 개인적인 사건이 아닌 이유이다. 세월호 안에 있었던 사람들의 사회적 계층, 그리고 그들의 국적 등 다층적인 사회정치적 요소들이 보이지 않게, 그러나 강력하게 연계되어 있다는 것이다. 특정한 계층만의 생명이 아니라 모든 생명을 귀하게 여기고 보호하는 '생명정치'를 확장하는 것이 중요한 이유이다.

세월호 참사를 진정으로 기억하는 것은, 권력 유지와 확장에만 관심 있고 평범한 시민들의 생명을 무관심과 무책임으로 방치하는 '죽음정치'를 예리하게 비판하는 것으로부터 출발한다. 그렇게 될 때 투표하는 방식, 신문이나 방송을 선택하는 방식, 사회적 이슈를 보고 해석하는 방식이 달라진다. 세월호 참사가 많은 이들에게 '정치화된 기억'의 의미를 지니게 될 때, 세월호 참사는 한국사회에 변화의 씨앗으로서 유의미할 것이다. 그렇게 되도록 하는 것이 살아남은 자들인 우리의 지속적인 과제이다. 특정 권력층의 생명만이 아니라 모든 사람들의 생명을 보호하고 질적으로 향상시키는 정치를 하는 국가를 만들어가기 위한 지속적이고 끈기 있는 노력을 포기하지 말아야 하는 우리의 책임 과제인 것이다.

　나는 "시간이 약"이라든지 "터널에 끝이 있듯이 슬픔에도 끝이 있다"든지 하는 말들을 경계한다. 사랑하는 이들을 어처구니없는 참사로 잃은 이들이 겪는 고통과 슬픔은 달력 속의 시간으로 사라지는 것이 아니다. 또한 눈에 보이는 터널처럼 분명한 끝으로 매듭지어지는 것이 아니다. 그 슬픔은 살아남은 자들이 죽음에 이르기까지 가슴에 품고 살아야 하는 응어리이다. 다만 죽어간 이의 몫까지 살아야 하는 그 슬픔의 공간을 책임의 공간으로 전이시켜야 하는 과제와 씨름할 뿐이다. 그렇기에 "이제는 슬픔을 잊고 일상으로 돌아가라"라는 말은 어쩌면 격려의 이름으로 행하여지는 잔인한 폭력이 될 수도 있다. 그들에게 이제 '돌아갈 수 있는 일상'이란 깨어져버렸기 때문이다. 슬픔 '없이'가 아니라 슬픔에도 '불구하고' 죽은 이들의 삶까지 어깨에 짊어지고 한 걸음 한 걸음 치열하게 내딛는 삶을 홀로, 또 함께 만들어내고 찾아나가야 할 뿐이다. '죽음정치'를 넘어 사회적 약자들의 생명을 보호하고 확장하는 '생명정치'를 다층적으로 확산하고 강화하기 위한 열정이야말로 세월호 참사를 진정으로 기억하는 것이며, 남겨진 자들의 슬픔과 아픔을 책임과 연대의 사건으로 유의미하게 만드는 것이다.

왜 사유하기를
포기해서는 안 되는가

우리는 점점 자유로운 사회를 향해 나아가고 있다고 생각한다. 그러나 그것은 우리의 착각일 뿐인지도 모른다. 테크놀로지의 발달이 우리에게 가져다주는 각종 편리함을 누리는 대신, 스스로 알아차리지 못하는 사이에 점점 전문적인 고도의 통제사회의 충실한 일원이 되어가는 대가를 치르고 있다. 이동 경로, 소비 형태, 빚이나 저축 등 사생활은 공적으로 노출되어 있다. 우리가 누구인가에 대한 정보가 데이터화되어 적나라하게 드러나 있다는 것이다. 그뿐 아니라 이 통제사회에서 인간은 어떤 것도 끝내지 못한다. 학교를 졸업해도 취업을 위해, 취업한 후에도 승진이나 재임용을 위해 지속적인 평가를 거쳐야 하므로 새벽부터 영어 학원에 다니거나 스펙을 쌓기 위한 갖가지 노력을 해야 한다. 공교육에서의 최종 학위라는 박사 학위를 받은 이들도 다양한 방식으로 평가를 받아야 하기 때문에 사실상 누구도 어떤 것을 '끝냈다'는 생각을 더 이상 하지 못한다.

  자발적인 자기 훈련이나 연마와, 제도 및 사회적 기제가 암묵적으로 강요한 지속적 교육은 본질적으로 다르다. 쉬지 않고 계속되는 평가 제도나 연장 교육이라는 이름 아래 현대사회의 제도적 삶 속에 들어가 있는 이들은 끊임없이 경쟁을 해야 하고 관리를 받아야 하는 보이지 않는 통제 속에서 자신의 일상적 삶을 이어가야 한다. 이러한 통제사회에서 그 틀에 자신을 넣지 못하고 그 거대한 흐름에 합류하지 못하는 이들은 밀려나서 결국은 실패자의 삶, 낙오자의 삶을 살아야 한다. 한국의 공교육 구조 속에 들어가자마자 이러한 통제사회의 일원으로 살아야 하는 아이들은, 유치원·초등학교·중고등학교·대학교에 다니면서 어떻게 이 통제사회에서 살아남는가를 배우고 몸과 머릿속에 체화시켜야 한다. 그렇지 못하면 자신은 물론 부모·친구·친척들에게 '실패자'라는 표지를 안겨주며 평생 살아가야 하기 때문이다. 한국처럼 좋은 학교·좋은 직장을 들어가는 것만을 인생 최대의 목표로 삼는 사회는 소위 일류 학교나 직장에 들어가지 못하는 절대다수의 사람들을 주변부로 몰아낸다. 이러한 고도의 경쟁과 획일적 통제가 존재하는 사회에서 진정으로 사유한다는 것, 그리고 그 사유를 자신의 삶과 연결하고자 노력하는 것은 얼마나 불가능한 몸부림인가.

한나 아렌트는 1961년 예루살렘에서 열린 루돌프 아이히
만Rudolf Eichmann이라는 나치 전범의 재판을 참관했다. 그의 참
관 보고서는 미국에서 가장 지성적인 잡지 중의 하나라고 알려
진 〈뉴요커The New Yorker〉에 제출되었고, 1963년에 《예루살렘의
아이히만: 악의 평범성에 대한 보고서》라는 제목으로 출판되
었다. 아렌트는 방탄유리로 된 상자 안에서 재판을 받는 아이
히만을 지켜보면서 "유리로 만들어진 박스 안에 있는 그 사람
은 전혀 악해 보이지조차 않았다"라며 자신이 받은 충격을 전
했다. 왜냐하면 "그의 행위는 참으로 악마적인 것이었지만 그
행위자는 너무나 평범해 보였고, 괴물 같거나 포악해 보이지도
않았으며, 그렇다고 어리석은 사람으로 보이지도 않았"기 때문
이다. 아이히만과의 조우에서 아렌트는 전통적인 '악惡' 개념을
뒤집으면서 새로운 악의 개념을 제시한다. '악의 평범성banality of
evil'이라는 아렌트의 개념은 전통적인 악의 이해에 반기를 들면
서, 전적으로 다른 악의 이해를 드러내고 있다. 아렌트는 또한
'우리 속의 아이히만Eichmann in us'이라는 개념을 통해서 20세기
인류가 범한 가장 끔찍한 악 중의 하나인 유대인 학살이라는
악은, 지독하게 악한 사람이나 어리석은 사람들이 아니라 우리
가 어디에서나 만날 수 있는 평범한 사람들이 행하였다고 분석
한다. 아이히만은 애초에 악한 사람으로 특별나게 존재한 것이
아니라는 것이다.

그런데 그러한 끔찍한 악에 가담한 평범한 아이히만과

같은 사람들의 공통적인 특징이 있다면 그것은 '사유 없음thoughtlessness', 즉 '비판적 사유 능력의 부재'이다. 비판적 사유의 부재는 아이히만이 그에게 주어진 규율과 명령을 전혀 의심하지 않게 하였다. 자신이 하고 있는 일이 인류의 역사에서 어떠한 의미를 지니게 될 것인가를 전혀 인식하지도 못한 채 결국 엄청난 악에 가담했던 것이다. 아렌트는 비판적 사유의 부재란 고도의 지식을 가진 이들에게서도 볼 수 있으며, 그 사유의 부재야말로 이 현대사회에서 다양한 악을 일으키거나 가담하게 하는 핵심 요소가 되고 있다고 결론 내린다. 그러한 악은 깊이가 없어서 곰팡이같이 우리의 현실 표면에서 쉽게 확산된다.

존재의 깊이에 도달하는 것은 진정한 비판적 사유로서만 가능하다. 여기에서 사유함이란 전문적인 사상가들이나 학자들의 전유물이 아니다. 또한 이 사유함이 실제의 삶과 동떨어진 관념 세계에서만 일어나는 것을 의미하는 것도 아니다. 한 인간으로서 자신의 삶과 연계된 사물이나 주변의 사건들을 비판적으로 사유한다는 것은, 광의의 의미에서 언제나 정치적이다. 비판적 사유란 자신이 자신과 대화를 하는 것으로부터 시작된다. 자기가 자기와의 대화로 주변에서 벌어지고 있는 일들을 주체적으로 판단하게 되기 때문이다. 이러한 의미에서 아렌트에게서 '사유함thinking', '판단함judging', 그리고 '행동함acting'은 언제나 깊숙이 상호 연관되어 있다.

비판적 사유란 사회적인 관습·제도·통제적 기제·다양

한 편견·규율·선입견을 무비판적으로 받아들이고 따르게 하지 않는다. 또한 무비판적 수용과 편승이 인류의 역사에서, 그리고 우리가 지금 살아가고 있는 한국에서 어떻게 크고 작은 다양한 악을 양산해내고 있는가를 볼 수 있게 한다. 더 나아가 그 악을 최소화시키는 것은 비판적 사유를 통해서만이 가능하다. 비판적 사유는 '나는 내가 하고 있는 일을 왜 하는가'라는 근원적인 물음에 관하여 내가 자신과 함께 대화하고, 그 물음과 씨름하는 것이기 때문이다. 과거로부터 주어진 개념·규율·관습·제도·전통에 새로운 물음표를 던지는 것, 이것이 비판적 사유의 출발이다. 이러한 사유로 현대판 통제사회에서 은밀한, 또는 노골적인 악을 경각하고 방어할 수 있게 된다.

인간의 육체성과 사유함의 끊임없는 분리, 이 분리를 경험하는 우리의 딜레마는 자크 라캉^{Jacques Lacan}의 말처럼 우리가 "사유하는 곳에서 존재하지 않고, 존재하는 곳에서 사유하지 않는 것"이다. 현대를 살아가는 이들은 점점 사유하기를 포기한다. 사유한다는 것은 이 딜레마에 자신을 더욱 드러나게 할 뿐이고, 주류에 편승하는 데 불리함을 줄 뿐이기 때문이다. 비판적으로 사유하는 것을 포기할수록 이 통제사회가 원하는 것에 우리 자신을 맞추기 위하여 더욱 애쓰게 되며, 그것은 일종의 편안한 안도감을 주기도 한다. 그러나 아렌트의 의미심장한 지적과도 같이, 이러한 사유의 포기야말로 현대사회가 지닌 가장 위험스러운 악의 양태가 될 수 있다. 비판적 사유하기는 주어진 현재, 주어진 관습과 편견, 그리고 경쟁과 통제적 제도에 끊임없이 저항하는 정치적 행위이다. 또한 사유함이란 지금도 무수한 음지에서, 보이지 않는 이 사회의 언저리에서 '존재하지 않는 존재'로 살아가는 이들을 비로소 '존재하는 존재'로 볼 수 있게 하는 연대의 힘이다. 그래서 사유함이란 현재와의 치열한 씨름이며, 새로운 세계를 향한 절실한 갈망이며, 살아있음의 의미를 확장하고자 하는 변혁적 저항이다.

어떤 정치적 저항이
준 선물

정치는 진실을 도구로 삼지 않는다. 따라서 진실과 정치는 종
종 갈등 관계 속에 있으며, 정치의 도구는 '진실'이 아닌 '조직
화된 거짓'인 경우가 더 많다. 정치에서 조직화된 거짓은 국가
를 위한 정당화의 도구로 쓰인다. 정치화되고 계산된 거짓으로
다양한 정치적 프로파간다가 유포되고 위기의식이 조작되거나
과장된다. 증오해야 할 적과 손잡아야 할 동지가 만들어진다.
독재사회로 갈수록 거짓은 진실의 옷을 입고, 그렇게 거짓된
진실에 저항하는 것은 범죄시된다. 토론과 논쟁을 배제하는 진
실이 결국 조직화된 거짓인 이유이다. 테러 방지의 이름으로 다
중적 인권 탄압은 정당화되고, 그 거짓된 진실을 내세우는 정
치집단은 권력을 확장하고 통치권을 확고히 한다. 민주주의의

후퇴는 진실이 아닌 조직화된 거짓과 과장에 의하여 소리 없이 이루어진다. 세계 도처에서 '테러 방지' 또는 '테러와의 전쟁'이라는 이름으로 벌어지고 있는 일이다. 그런데 조직화된 거짓이 아니라 진실이 도구가 되는 정치적 현장을 경험한다면 그것은 어떤 의미일까. 조직화된 거짓의 허구성이 드러나면서 그 허구성의 진실이 적나라한 모습을 드러내는 경험을 하게 되는 것은 어떤 의미를 주는가.

2016년 소위 '테러방지법'을 막기 위한 필리버스터는 우리에게 정치적 저항을 통하여 정치와 진실이 함께 손잡고 진실이 정치의 도구가 될 수도 있다는 순간의 경험을 하게 하였다. 한국은 물론 외국에 사는 이들도 동영상과 다양한 웹사이트로 필리버스터에 나선 국회의원들의 말을 경청하고, 그들의 말을 담은 문서들을 경독傾讀하며 밤을 지새웠다. 필리버스터를 하는 국회의원들의 말과 글은, '테러방지법'이 어떻게 우리의 일상생활 속에서 개개인들의 자유를 침해하고 현 정부의 정치적 이득을 위해 쓰일 것인지를 낱낱이 드러내었다. 또한 한국 역사에서 권력 확장에만 총력을 기울였던 정치집단이 어떻게 무수한 국민의 인권을 탄압하고 진실을 조작했는지를 조목조목 상기시켰다. 진실을 정치적 도구로 써본 경험이 없는 어떤 정치인들은, 진실을 도구로 쓰는 이러한 정치적 행위가 단지 공천을 받기 위한 제스처이며 선거운동의 일부일 뿐이라고 폄하했다. 그런 생각과 달리 필리버스터는 조직화된 거짓의 허구성과 그 위험성을 구체적으로 국민에게 전달해준 것이며, 그 결과와 상관 없이 한 인간으로 살아간다는 것의 의미, 그러기 위하여 민주 주의를 지켜내고 성숙시키는 데 필요한 요소들, 그리고 그 민주 주의를 지켜내기 위한 열정과 투쟁의 소중함을 상기시키면서 역사적·정치적으로 의미 깊은 다음과 같은 선물을 주었다.

첫째, 자유의 중요성을 깨우치게 하였다. 자유는 민주주의 의 가장 중요한 가치 중 하나이다. 피로 물든 광주 5·18민주화 운동 이후, 우리는 자유를 억압하고 통제사회로 만들려는 국 가에 정치적으로 저항하는 것이 진정 무엇을 의미하는지를 경 험하지 못했다. 밀양과 광화문, 그리고 시청으로 상징되는 저항 공간이 국가적 폭력·통제·감시·증오의 공간으로 탈바꿈되는 국가 속에서 살아왔다. 그런데 국가권력의 지독한 고문을 당했 던 한 국회의원은 자신의 육체적 한계를 넘어 혼을 다 쏟아부 으면서까지 필리버스터를 했다. 조직화된 거짓의 공간을 '자유 를 향한 저항 공간'으로 전이시킨 것이다.

둘째, 개별성singularity의 중요성을 깨우치게 하였다. 민주주 의의 근원적인 출발은 개별인들이다. 그 개별인이 여성이든 남 성이든, 고학력이든 저학력이든, 빈곤하든 부유하든, 종교인이 든 비종교인이든 오직 한 표만을 행사할 수 있다. 민주주의의 가장 중요한 터전은 바로 이러한 '개별성의 원리'에 있다. 모든 개별인들의 자율성·존엄성·평등성이 전제되어야 하며, 개별인 들의 의견이 모아져서 정치적 의사결정을 한다. 개별인들에게는 제각기 물음을 묻고, 이의를 제기하고, 자율적으로 사유하고 행동하며 저항하는 자유가 보장되어야 한다. 이 개별성의 중요성이 바로 민주주의의 인식론적 터전이다.

셋째, 상호 연결성의 중요성을 깨우치게 한 것이다. 이제까지 한국의 정치에서는 정치인과 국민이 상호 연결된 존재라는 인식이 거의 부재했다. 정치인 따로 국민 따로의 의식 속에서 정치가 성숙하기는 어렵다. 그런데 필리버스터는 민주주의 정치란 '국민의, 국민에 의한, 국민을 위한' 것이어야 함을 분명히 확인하게 해주었다. 혼신의 힘을 기울여 필리버스터를 하는 개별인으로서의 국회의원들은 진정한 정치가 무엇이어야 하는지를, 또 자신도 한 사람의 국민임을 보여주고 있었다. 개별인 국회의원들과 개별인 국민의 강력한 상호 연결성의 끈이 다양한 방식으로 맺어지는 가능성을 보여준 것이다.

국회에서의 말은 곧 글이다. 필리버스터를 하던 국회의원들의 말은 길이 남는 역사적 문서가 된다. 정치와 진실이 언제나 함께 가는 것이 아닐 때, 진실이 이렇게 문서로 만들어지는 것은 참으로 중요하다. 조직적인 거짓이 난무하는 정치에서 진실의 말과 증언들이 문서화되는 것은 중요한 '정의의 행위'가 된다. 조작된 거짓과 은폐된 진실을 드러내어 문서로 각인함으로써, 진실 은폐의 가능성을 제어하기 때문이다. 보통의 국민이 쉽게 지니지 못하는 국회의원의 특권이 개인이나 집단의 이득과 권력 확장이 아니라 공공의 선을 위하여 올바르게 쓰일 수도 있음을 지난 필리버스터는 보여주었다.

이 세계에서 '살아있음'이란 자유를 지닌 존재로서 살아있다는 것을 의미한다. 이러한 의미에서 자유를 지켜내기 위한 저항은 살아있음의 확인이다. 희망의 근거는 보장된 승리에 있는 것이 아니다. 오히려 새로운 세계와 정치를 향하여 씨름하는 그 과정 자체 속에 바로 희망의 근거가 있다. 이기는 싸움이기 때문이 아니라 해야 할 싸움이기에 싸우고 저항해야 한다. 2016년의 필리버스터에서 우리는 이러한 소중한 희망의 경험을 했다. 말하는 사람과 듣는 사람, 쓰는 사람과 읽는 사람, 정치인과 국민, 그리고 정치와 진실이 함께 강하게 연결되어 유대하며 자유를 향한 저항의 춤을 추는 경험을 했던 것이다. 비록 순간의 경험일지라도 그 경험이 이 '헬조선'에서 정의·자유·평등을 꽃피우는, 새로운 한국정치를 향한 꿈을 포기하지 않고 부여잡게 하는 희망의 근거가 되었기를 바란다.

'국정화'라는 이름의 욕망

"사실이란 없다, 다만 해석이 있을 뿐이다." 니체의 이 말은 고정된 사실이 존재하는 것이 가능하다고 믿었던 근대 인식론의 문제점을 정면으로 드러낸다. 절대적 '사실'이 아닌 '해석'의 중요성을 강조하는 탈근대 담론의 철학적 토대가 된 말이다. 이같은 니체의 통찰은 역사교과서 국정화가 지닌 문제점을 잘 보여준다. 국정화에 반대하는 이들의 성명서가 나오고, 반대 시위가 초·중·고·대학생들에게까지 확대되었다. 만약 '국정화'라는 역사적 '사실'을 기록하는 이들이 반대론은 생략하거나 사소한 것으로 만들면서 찬성론만을 부각해서 기록한다면, 그것은 이미 '왜곡된 사실'이다. 이러한 의미에서 '사실'의 존재란 불가능하며, 사건을 바라보는 관점에 따른 다양한 '해석'만이 가능한 것이다. 진보든 보수든, 또는 좌파든 우파든 중도파이든 그 누구도 한 사회의 복합적인 역사 해석의 모든 층을 아우르는 절대적 눈을 갖는 것은 불가능하다. 국정화의 가장 근원적인 문제는 역사를 보는 관점과 해석의 다양성을 억누르고 획일성을 강요한다는 점에 있다. 역사를 보는 관점을 획일화하기를 강요하는 것은 시대착오적인 방식으로써, 민주주의사회의 언론·학문·사상의 자유라는 보편 가치와 정면으로 대치된다. 그뿐 아니라 여러 가지 복합적인 문제들을 양산하고 있다는 점에서 위험하다.

한 국가의 국민을 조정하는 데 가장 효과적인 통제의 도구는 무엇일까. 식민 종주국이 식민지인들을 지배하는 데 쓰였던 통제 도구들 중 하나는 '책'이었다. 고정된 텍스트로서의 책은 사람들의 다양한 경험보다 훨씬 더 중요한 것으로 간주되는 공적 권위를 가지게 된다. 이러한 이유에서 전체주의체제에서 정치가들이 우선으로 사용하는 통제의 도구는 획일화된 지식의 확산 통로가 되는 책이다. 획일화된 지식에 문제를 제기하는 사람들에게는 '사회를 분열시키는 이들'이라는 표지를 붙이고, 그들을 반역자로서 추방하며, 관점의 상이성은 '나쁜 것' 또는 '위험한 것'과 동의어로 만들어진다.

미셸 푸코는 지식의 중심과 권력의 중심은 일치한다고 하면서 권력과 지식의 상관관계를 치밀하게 분석한다. 베이컨 Francis Bacon의 "지식이 힘이다"라는 말이 아니라 푸코의 "권력이 지식이다"라는 말이 권력자의 통제 구조를 예리하게 드러내는 것이다. 권력과 지식의 불가분의 상관관계에 관한 분석은, 특정한 통치자가 가진 제국의 욕망이 어떻게 나타나고 있는가를 잘 드러낸다. 통치자가 자신의 제국적 권위의 토대를 확고히 하는 데 필요한 도구는 '권력'만이 아니다. 권력을 가진 이들이 '지식'을 생산하고 확산하는 역할을 하면서 그 권력의 유지와 확장을 가능하게 만드는 것이다. 역사교과서를 국정화하고자 하는 의도는 권력과 지식을 통치 권위의 토대로 확고히 하고자 한다는 점에서 다음과 같은 세 가지 제국의 욕망과 매우 닮았다.

첫째, 총체화의 욕망이다. 이 욕망은 차이와 다양성에 대한 '병적인 경계'로부터 시작된다. 국정화가 국민 통합을 지향하기 위한 것이라는 주장은 모든 상이성을 억누르고 국가권력의 그늘 아래 전 국민을 집어넣고자 하는 총체화의 욕망이다. 이 국민 통합의 논지는 획일성이 곧 통합이라고 왜곡시킨다. 지배 욕망을 강하게 지닌 통치자일수록 상이성과 분열을 동의어로 간주한다. 즉, 다양성을 억누르는 획일화의 폭력을 통합이라는 이름으로 미화시키는 것이다.

둘째, 순수성의 욕망이다. 여기에서 '순수성'이란 통치자가 규정하는 순수성이다. '일방적으로 왜곡된 순수성'이라는 말이다. 이러한 점에서 '올바른 역사교과서로 좌파 또는 공산주의에 물들지 않은 순수성을 지닌 국민을 만들겠다'는 국정화 열망은, 유감스럽게도 특정한 관점만을 '순수한 것' 또는 '올바른 것'

으로 고정시키는 전체주의적 욕망일 뿐이다.

셋째, 지식의 지배 욕망이다. 지식 체계의 지배는 사람들이 사물을 이해하는 방식을 제한하고 통제하는 인식론적 폭력이다. 지식 체계의 지배하에서 획일성과 단일성은 가장 중요한 지식 생산의 표준이 되며, 이러한 '획일화된 지식'으로 사람들을 통제하는 것이 가능해진다. 반면 역사 해석의 다양성을 접하는 것은 비판적 성찰을 가능하게 한다. 해석의 다양성을 위험하다고 간주하면서 급기야는 통제의 대상으로 집어넣는 것은, 국민의 의식을 비판적 사유가 부재한 유아기적 단계에 머물게 한다.

우리는 교과서들이 '말하고 있는 것'만이 아니라 '생략하고 있는 것' 역시도 공론화하여야 한다. 국수적 민족주의를 넘어서 세계시민으로서의 개방적 민족주의 또는 초민족주의적 시각, 그리고 근대적이 아닌 탈근대적이고 탈식민주의적인 역사관으로 그동안 생략되었던 문제들에도 치열하게 개입하여야 한다. 이주노동자·다문화가정·인종·젠더·성적 지향·육체적 또는 정신적 장애 등에 근거한 다양한 차별의 문제들은 물론, 한국과 세계적 차원에서의 환경문제와 경제적 불균형의 문제 등이 생략된 역사교과서는 현재와 미래를 포괄적으로 보지 못하게 함으로써 '죽은 교과서'가 된다.

또한 인간이 모여서 집합체를 이루어 살아가고 있는 곳은 거의 예외 없이 밝은 역사만이 아니라 어두운 역사, 죄의 역사를 지니고 있다. 미성숙한 사회와 성숙한 사회를 판가름하는 잣대 중의 하나가 될 수 있는 것은, 그 사회가 이 두 축의 역사를 어떻게 다루는가 하는 것이다. 경제의 성장이 자동으로 성숙한 국가를 만드는 것이 아니다. 성숙한 사회일수록 밝은 역사만이 아니라 어두운 역사까지도 모두 드러낸다. 역사의 복합적인 모습들을 가능하면 다양한 측면에서 들여다보는 것은, 현재 및 미래의 역사와 긴밀한 관계가 있다. 현재와 미래를 살아가는 이들이 과거 전통과 어떤 점에서 '연속성'을 유지해야 하고, 또 어떤 점에서는 단호하게 '불연속성'을 만들어내야 하는가를 성찰하게 한다. 역사의 복합적이고 다양한 측면들을 보지 못하게 하는 역사교과서의 국정화가 문제인 이유이다.

현대 세계의 가장 중요한 화두는 '공존'이다. 국가적 경계를 넘어서 다양한 사람과 평화적으로 공존하기 위한 전제 조건은, 다양성을 존중하고 포용하는 것이다. 다양성 존중과 비판적 토론이 가능한 사회가 되기 위하여, 국정 교과서나 검·인정 교과서가 아니라 자유 발행 교과서 제도가 수용되는 것이 21세기의 시대적 요청이다. 우리가 기억해야 할 것은 누구도 역사 해석을 독점해서는 안 된다는 것이고, 관점의 다양성을 존중하는 사회만이 성숙한 민주사회가 될 수 있다는 점이다. 통제된 획일성의 가치를 강요하는 사회에 지금보다 나은 '새로운 미래'가 오기란 불가능하다.

사랑의 정치학

사랑. 이 말처럼 아름다움과 위험성이라는 역설적 이중성을 지니고 있는 것이 있을까. 사랑은 인간에게 살아있음의 전율과 기쁨을 경험하게 한다. 그러나 동시에 사랑은 타자를 향한 폭력과 증오감, 또는 자신의 권력을 유지하고 확장하는 도구로 사용되곤 한다. 특히 사랑에 개입된 관계 사이에 권력의 불균형이 있을 때 사랑이라는 미명하에, 보이거나 보이지 않는 방식으로 권력이 작동한다. 사랑이 아름답고 낭만적이기만 한 것이 아니라 다층적인 권력 장치가 개입되는 행위가 되곤 하는 것이다. '사랑의 정치학'이 등장하는 이유이다.

뉴욕시의 전前 시장이었던 줄리아니Rudolf Giuliani가 2015년 2월 18일 "대통령은 미국을 사랑하지 않는다"라며 "그는 여러 분들과 내가 이 나라에 대한 사랑을 키우며 자란 방식으로 자라지도 않았다"라는 공식적인 발언을 하였다. 방송 매체에서는 오바마Barack Obama의 나라 사랑을 주제로 토론을 하기도 하고, 그의 애국심에 관해 설문 조사를 하기도 했다. 그런데 여기에서 '오바마가 나라를 사랑하는가 아닌가'보다 중요한 물음은, '줄리아니와 오바마의 나라 사랑이 담고 있는 구체적 내용과 가치가 어떻게 다른가'라는 것이다. 자신의 방식과 다르다고 하여 줄리아니가 오바마의 나라 사랑을 전적으로 부정하는 것은, 사랑의 이름으로 벌어지는 왜곡의 위험성을 잘 드러낸다. 자신이 규정한 사랑 방식만을 절대적인 기준으로 내세우는 경우, 자신과 생각이나 표현이 다른 타자를 부정함으로써 폭력이 되어버린다.

종교인들은 '신神 사랑'의 이름으로 자신들의 기준에 맞지 않는 사람들에게 육체적인 살해는 물론 사회적인 살해와 폭력을 행사한 죄의 역사를 만들어왔다. 제도화된 종교들은 각기 그러한 폭력의 역사를 지니고 있다. 중세 마녀화형이 자행되고 있을 때도 성직자들은 그것이 신을 사랑하는 행위라고 굳건히 믿었다. 이슬람교나 유대교와 같이 기독교가 아닌 다른 종교인들을 박해하는 것도, 다양한 이름의 전쟁도, 신 사랑의 이름으로 거행되곤 했다. 한국에서 성소수자들을 향해 극도의 혐오 발언과 행동을 하는 일부 개신교도들이 자신들의 발언과 행동의 근거로 삼는 것도 그들의 신·예수·성서·교회를 향한 사랑이다.

한국에서의 부모들은 어떤가. 부모들은 '자식 사랑'의 이름으로 자기 집착적인 사랑 방식을 자식들에게 강요한다. 아이들이 무엇을 원하는지 알고서 그들을 행복하게 하는 것이 먼저가 아니라, 부모 자신이 이루고 싶어 하는 삶의 방식을 아이들에게 일방적으로 강요하는 것이다. '다 너를 사랑해서 하는 것'이라며, 아이를 학원으로 과외로 정신없이 돌린다. 이러한 숨 막히는 아이들 삶의 구조가 모두 자식 사랑의 이름으로 정당화되곤 하는 것이다.

　　통치자들은 권력을 향한 집착과 야망을 '나라 사랑'으로 포장하여 국민의 자율적인 판단 기능을 통제하는 도구로 차용하곤 한다. 지난 2015년 행정자치부의 〈3·1절 국기 달기 운동 및 의정 업무 설명회 자료〉에 따르면, 정부는 태극기 게양을 강제화하는 법 개정, 그리고 방송과 민간 기업·노인·학생 등을 동원하여 대대적인 태극기 달기 운동을 추진하고 있었다. 태극기 게양 분위기 확산을 위해서 학생들에게 국기 게양 후 일기 쓰기·소감문 발표 등도 시키고, 인증 사진을 학교에 제출하게 하는 안도 추진했다고 한다. 나라 사랑의 이름으로 국민을 계도의 대상으로만 취급하는 매우 유아기적인 사고방식을 이 21세기에 정치인들이 확산하고 있다. 한국사회에서 '나라 사랑'은 맹목적 반공이나 반북과 동일어가 되고, 북한과의 대화와 교류에 우호적인 사람들에게는 애국심이 결여되어 국정을 혼란시키는 위험한 종북이라는 표지가 붙는다.

"사랑이란 인간이 자신을 행복하게 만드는 것을 갖고 싶어 하는 욕구"이다. 성 아우구스티누스^{St. Augustine}의 말이다. 그런데 자신에게 좋은 것을 얻고자 하는 욕구로서의 사랑은 그것을 상실할지 모른다는 두려움으로 바뀔 수 있다. 이 상실의 두려움을 스스로 조정하지 못할 때, 사랑은 집착으로 변질된다. 사랑은 관계 속에 있는 이들의 삶을 풍성하고 심오하게 만들지만, 상실의 두려움으로 인한 집착은 파괴적이고 부정적인 결과를 낳는다. 누군가를 향한, 또는 무엇인가를 향한 사랑이 지배하고 소유하고자 하는 집착으로 변할 때, 그 관계에는 더는 사랑이라는 말을 붙일 수가 없다.

여기에서 우리가 기억해야 할 중요한 두 가지 사랑의 원리가 있다. 상호성과 자발성이다. 사랑이 일방적으로 강요되는 순간, 그 행위는 '사랑'이라는 이름을 더 이상 지닐 수가 없다. 예를 들어 사랑의 이름으로 타자에게 성적 관계를 강요할 때 그것은 사랑의 행위가 아닌 성폭력으로 전이된다. 나라나 민족 사랑의 이름으로 국기 게양과 같은 특정한 행위를 강요하게 될 때, 그 행위는 더 이상 사랑이 아니다. 신 사랑의 이름으로 물질적 헌신을 강요하거나 타자를 향한 증오와 폭력을 정당화할 때, 그 행위들에는 더 이상 사랑이라는 이름을 붙일 수 없게 된다. 그런데 이러한 강요는 은밀한 방식들로 자발성의 옷을 입고서 우리의 판단을 흐리게 한다.

개인이나 집단이 자신들의 권력·야망·욕심을 확대하는

통로로 '사랑'이라는 고귀한 개념을 차용하는 현실 속에 우리는 살아가고 있다. 사랑이라는 순수하고 아름답기만 한 것 같은 이름에 '사랑의 정치학'이라는 개념을 적용하는 이유가 바로 이 때문이다. 이 '사랑의 정치학'은 광복 70주년을 맞이하여 국민의 나라 사랑을 장려한다는 취지로 국기 게양의 의무화를 추진하는 정치적 주장 속에서도 은밀하게, 그러나 분명하게 작동하고 있었다. 복잡한 현대사회를 살아가는 우리가 더욱 치열하게 비판적으로 사유해야 하는 이유이다.

'나라 사랑'의 이름으로 국민의 복지보다 정치권력의 유지와 확장에만 관심을 보이는 정치인, '민족 사랑'의 이름으로 타자를 향한 폭력을 정당화하는 폐쇄된 민족주의자, '자식 사랑'의 이름으로 아이의 삶보다 자신의 명예와 욕심에 집착하는 부모, 또는 '신 사랑'의 이름으로 성소수자들을 향한 증오를 확산하고 세력과 물질적 기반 확장에만 집착하는 종교인들. 이러한 행위를 하는 이들은 사랑이라는 고귀한 가치를 추하고 위험한 도구로 전락시킨다. 이제 나라·민족·신·자식 등 다양한 옷을 입은 사랑의 이름 앞에서 우리는 다음과 같은 물음들과 진지하게 씨름해야 한다. '누가' 사랑의 내용과 기준을 정하고 있는가, 그 사랑은 '누구의 이득'을 확대하는 데 도움을 주며 '어떠한 가치'를 우리 사회에 확산하고 있는가.

한 사진이 SNS를 통해서 세계적으로 확산되었다. 2015년 9월 2일 부모와 함께 시리아를 탈출하다가 배가 뒤집혀 변을 당한 후 터키 해변에서 발견된 3세 소년, 아일란 쿠르디^{Aylan Kurdi}의 시신이 담긴 사진이다. 역사적 사건이 되고 있는 이 사진의 작가 닐류페르 데미르^{Nilufer Demir}는 해변에서 아일란의 주검을 보면서 사진을 통해서라도 그의 '소리 없는 비명'을 표현해야만 한다는 생각을 했다고 한다. 세계 곳곳의 분쟁에서 죽어간 사람들의 사진에 별 반응을 하지 않던 이들도 어른들이 만든 세상에서 영문도 모르고 죽어간 3세 인간의 처절한 주검 앞에서 할 말을 찾지 못했다. 국가적 경계를 넘어선 이러한 감정이입을 사회학자 울리히 벡^{Ulrich Beck}은 '우주적^{cosmopolitan} 감정이입'으로 명명했다. 세계 곳곳의 사람들이 '우주적 감정이입'을 하는 그 3세 인간은 우리에게 누구이며, 그의 침묵 속의 절규는 또 무엇인가.

세계화 이후 '세계가 점점 작아지고 있다'거나 '작은 세상'이라는 표현이 곳곳에서 회자된다. 이러한 표현은 기후·경제·정치·문화·질병을 포함하여 이 세계 어느 한 곳에서 살아가고 있는 사람들의 삶이 다른 곳에 살고 있는 이들의 삶에도 지대한 영향을 주고 있다는 전 지구적 상호 연관성의 현실을 예시하고 있다. 이러한 새로운 현실은 이제 우리 주변의 다양한 타자들에게 어떠한 책임의식을 갖고 살아가야 하는가를 근원적으로 다시 생각해야 한다는 것을 의미하기도 한다. 타자에 대한 배려와 책임이 한 국가의 경계 안에만 제한되었던 사유방식을 벗어나서 인류 공동체라는 범주로 확장되어야 하는 것이다.

3세 인간의 주검 앞에서 국적과 상관없이 수많은 이들이 느꼈던 그 순전한 '우주적 감정이입'은 중요한 사실을 드러낸다. 스토아주의 철학자 세네카Lucius Annaeus Seneca에 따르면, 인간은 두 종류의 공동체에 소속해 있다. 국적이나 출생지에 따라서 결정되는 '지역 공동체'와 모든 인간이 속한 보편적 '인류 공동체'이다. 하나의 태양 아래 함께 살아가는 운명을 지닌 인류 공동체야말로 진정으로 위대한 것이라고 그는 강조했다.

국가적 경계를 넘어선 인류 공동체에 대한 책임의식은 다양한 사람들이 실천해오고 있다. 1971년 프랑스에서 창설된 '국경없는 의사회MSF'와 같은 단체는 인종·국적·종교 등을 넘어서 전쟁·기아·자연재해 등에 희생당한 이들을 돌봄으로써 타자를 동료 인간으로 대하며 환대를 실천하는 것이 무엇인지를 구체적으로 보여준다. 절대적인 기준으로 간주하곤 하는 국경·민족·인종·종교 등의 경계선이란 사실상 근원적인 경계가 아닌 것이다. 같은 민족인 북한에도 이러한 인류 공동체라는 가치를 적용하지 못하고 살아온 한국인들에게, 동료 인간의 범주를 국가 경계를 넘어 확장하여 개인적·제도적 환대를 나누는 '코즈모폴리턴 환대'의 의미는 참으로 비현실적이고 추상적인 이야기로 들릴지 모른다. 인류 공동체로서 실천하는 코즈모폴리턴 환대를 사회정치적 현실 속에서 구체화하는 것은 참으로 먼 길이다. 그러나 그러한 '불가능한 꿈'을 꾸어온 사람들 덕에 인류의 역사는 변화를 거듭해왔다.

3세 인간의 주검 앞에서 국적에 상관없이 수많은 이들이 했던 그 무겁고 가슴 아픈 감정이입은 우리가 두 종류의 공동체, 즉 자신의 국적이나 출생지에 따라서 결정되는 지역 공동체와 모든 인간이 속한 보편적 인류 공동체에 속한 존재라는 사실을 드러낸다. 세네카의 주장처럼 하나의 태양 아래 함께 살아가는 운명을 지닌 인류 공동체야말로 진정으로 위대한 것이라는 사실을 사회정치적 현실 속에서 실현하는 것은 참으로 먼 길이지만, 그러한 '불가능한 꿈'을 향해 한 걸음을 내딛는 것이

3세 인간의 주검을 마주했던 우리의 책임인지 모른다. 대체 불가능한 존재이자, 한 고유명사로서의 3세 인간 아일란은 도처에서 우리에게 인류 공동체에 속한 동료 인간의 책임을 아프게 상기시키고 있다. 세네카가 강조하고 있듯이 우리 모두는 '태양에 의한 시민권'과 '출생에 의한 시민권'이라는 이중 시민권을 진지하게 생각해야 하며, 우리의 소속성에 대한 지평을 급진적으로 확대해야 하는 시대에 살고 있는 것이다.

나치 시대에 지독한 외국인 혐오 사상을 정치화했던 독일이 2015년에 모든 난민을 수용하겠다고 선언했던 것은 우연이나 정치적 계산 때문만이 아니다. 독일 땅에 도착하는 모든 난민을 동료 인간으로 대하고 그들을 위한 삶의 조건을 제도적으로 마련해주고자 하는 것은, 외국인 혐오가 낳은 역사적 비극을 치열하게 비판적으로 반성한 후에 나온 코즈모폴리턴 환대의 정치사회적 실현이기도 하다. 가족·친척·친구·동료·내국인 등 '가까운 타자'만이 아니라 이주민·난민·외국인 등 '먼 타자'들도 인류 공동체에 속한 우리의 동료 인간이다.

"우리는 인간이다." 시리아 국경을 탈출하여 다른 나라로 가는 난민들을 폭력적으로 막고 있는 경찰들에게 난민들이 외쳤던 구호이다. '3세 인간 아일란들'은 처절한 침묵 속의 절규로 이 엄중한 선언을 한다. '나는 인간이다.' 지금도 한국사회에는 '나는 인간이다'를 선언하고 있는 3세 인간 아일란들이 있다. 난민들을 포함한 미등록 이주민과 그들의 자녀들, 또 극도의 빈곤과 사회정치적 무관심 및 방치 속에서 인간으로서 지녀야 할 생존권·보호권·발달권·참여권 등의 사각지대에서 살아가고 있는 이들. 이들 모두는 바로 우리가 '우주적 감정이입'을 작동시켜야 하는 3세 인간 아일란들이다.

자크 데리다Jacques Derrida에 따르면 "악마적인 것이란 비책임성nonresponsibility"이다. 국가라는 지역 공동체만이 아니라 인류 공동체에 속한 존재로서, 우리가 가까운 타자만이 아니라 국적이나 신분이 다른 먼 타자들에게까지 환대를 베풀고 연대를 모색하는 정치를 지지하고 선택하는 것은 동료 인간으로서의 우리의 책임이다. 또한 '악마적인 것'의 상태로부터 벗어나는 길이기도 하다. 3세 인간 아일란들은, 지금 한국사회에서도 '코즈모폴리턴 환대의 원'을 조금씩이라도 확장해야 하는 우리의 책임성을 침묵 속의 절규로 상기시킨다. 한국사회에서 인종·국적·신분 등 다양한 이유로 처절한 삶을 살아가고 있는 이들을 향해서 사회정치적인 환대의 지평을 확대해야 하는 것은 이제 선택이 아닌 도덕적 의무와 책임이며, 인류 공동체의 절박한 시대적 요청이다.

나는 대통령의
서재가 궁금하다

지난 2015년 6월 25일, 박근혜 대통령은 국무회의 연설에서 '배신의 정치'라는 용어를 공개적으로 사용하였다. 그 배신의 정체는 '민의'의 이름으로 규정되었지만 정치적 설득력은 부재하다.

민주주의사회에서 중요한 가치 중의 하나는 '윤리적 개인주의'이다. 따라서 국회의원이 어느 특정한 정당에 속하였다고 해서 개별인으로서의 합리적 판단과 정치윤리적 선택을 외면해야 하는 것이 아니다. 민주주의의 꽃이라고 하는 선거제도는 이러한 윤리적 개인주의의 철학에, 집단이 아닌 개별인으로서의 합리적이고 책임 있는 판단과 선택에 근거하기에 가능하다. 책임성 있고 성숙한 개별인들이 모여서 한 사회라는 집단을 이루는 것이지 그 순서가 뒤바뀌어서는 안 된다는 것이다.

'배신'이라는 말은 언제나 하나의 특정한 집단을 전제로 한다. 유승민 전前 새누리당 원내대표의 사퇴를 종용하던 몇몇 새누리당 의원들은, 유승민 의원이 우리는 배제한 채 나를 앞세우는 '개인 정치'를 했다고 하면서 대통령의 배신 레토릭을 정당화하는 논리를 폈다. 그런데 여기에서 '우리'라는 집단의 정체는 무엇인가. 대통령에게 '우리'란 특정한 정당만이 아니라 모든 정당, 더 나아가서 모든 국민이 되어야 한다. 그 포괄적인 '우리'의 다양한 상이성들을 끌어안으면서, '우리'를 구성하는 개별인들의 권리가 제대로 보장되는 복지국가를 향해 나라를 이끌어가는 것이 대통령의 정치적 목적이 되어야 하는 것이다. 그런 측면에서 한 정치인이 개별인으로서의 정치적 판단과 입장을 가지는 것에 대통령이 '배신'이라는 이름표를 붙이는 것은 부적절하다.

대통령은 '배신'이라는 용어를 차용하기에 앞서 민주주의가 지닌 가장 근원적인 가치, 즉 한 개별인들의 합리적 판단에 근거한 정치적 입장의 차이를 존중해야 한다는 것을 자신에게 상기시켜야 했다. 정치인들이나 정당들 간에 입장의 상이성이 존재한다는 것이 민주주의의 가장 기본적인 정치적 정황이기 때문이다. 특정한 정당이나 정치인의 정치적 입장에 문제가 있다고 본다면, 그것에 상응하는 논리로 비판하고 합리적으로 설득하면 되는 것이다. 사안에 따라서 정치인이 대통령과 다른 생각과 판단을 할 수 있는 것은 당연하다. 그런데 대통령은 입장의 '상이성'을 '배신'이라는 용어로 대체했다. 대통령으로부터 '배신자'라는 직격탄을 맞은 유승민 전 새누리당 원내대표는 급기야 대표직 사퇴를 해야 했으며, 사퇴사에서 대한민국 헌법 제1조 "대한민국은 민주공화국이다"를 인용했다.

　여기에서 '민주주의란 무엇인가'라는 근원적인 물음을 묻지 않을 수 없다. 칼 포퍼Karl Popper가 간결하게 정의했던 민주주의는 이 '배신의 정치' 사태의 문제점을 그대로 드러낸다. 포퍼는 민주주의를 독재의 반대로 규정한다. 민주주의의 핵심은 국민이 자신의 지도자를 선택하고 조정할 기회, 그리고 극적인 혁명 없이도 그 지도자들을 권좌에서 몰아낼 기회를 가지는 것에 있다고 했다. 또한 민주주의는 극소수가 다수의 권리를 장악하는 독재정치체제와는 달리, 어떤 예외도 없이 그 사회 모든 구성원의 권리가 보장되어야 하는 정치 형태를 의미한다. 따라서 민주주의국가에서는 대통령을 포함한 그 누구도 '법 위에' 있지 않으며, 모든 개별인들의 권리가 보장되는 정의를 이루어나가는 사회를 지향한다. 이러한 포퍼의 이해에서 볼 때, 대통령의 '배신의 정치' 운운은 민주주의를 정면에서 역행한 것이었다.

　아주 단순한 논리를 펼쳐보자. 국민이 선택한 국회의원들이 정당한 절차를 거쳐 한 당의 원내대표를 선택했다. 그런데 국민이 선택한 대통령이 거꾸로 그 국민의 선택을 뒤집는 사태를 일으킨 것이다. 포퍼에 따르자면 '배신의 정치' 사태는 민주

정치가 아닌 독재정치의 그림자가 드리워진 것이었다. 국민이 지도자를 조정하는 것이 아니라, 거꾸로 국민의 선택을 지도자가 거스르고 좌지우지하는 결과를 낳았기 때문이다. 정치적 입장의 상이성을 수용하지 못하고 배신이라고 분노하는 대통령. 대통령의 그 분노는 한국사회에 성숙한 민주주의의 꽃을 피우는 것이 아니라 민주주의의 싹을 아예 짓밟아버리는 것이 아닌가 하는 심각한 우려까지 하게 했다. 유승민 의원은 사퇴사에서 '정치란 무엇인가'라고 자신에게 물었다고 하는데, 사실상 '민주주의정치란 무엇인가'를 물었어야 했다고 본다.

　나는 일련의 '배신의 정치' 사태를 보면서 대통령의 서재가 궁금했다. 우리나라 대통령은 도대체 어떤 책을 어떻게 읽으며, 어떤 방식으로 대통령으로서의 막중한 책임감과 그에 따른 지도력을 연마하고 있을까. 부언할 필요 없이 '책을 읽는다'는 것은 책이 담고 있는 다양한 사상들과 조우하는 것이며, 저자와 비판적 대화를 나누면서 자기 자신과 만나는 것이다. 이러한 과정에서 자신의 인간관·세계관·사회관·정치관·지도력 등을 지속적인 비판적 시각으로 조명하게 된다. 성숙한 지도력을 키워나가기 위하여 '좋은 책'을 지속적으로 읽는 것은 한 나라를 이끌어가는 지도자에게 필연적으로 중요한 행위이다. 한국이 그토록 선망하는 미국의 대통령 버락 오바마는 '책벌레'로 알려졌다. 그는 어릴 때부터 지금까지 다양한 장르의 책들을 읽어왔다. 그가 어릴 때는 어떤 책들을 즐겨 읽었으며, 지금 그가 읽고 있는 책들이 무엇인지 누구나 알 수 있다. 한국 국민도 자신들이 뽑은 대통령이 도대체 무슨 책들을 읽고, 어떻게 자신의 사유 세계를 확장하고 있는가를 알아야 하지 않을까.

누구도 완벽하거나 고정된 존재가 아니다. 아니, 고정되어서는 안 된다. 대통령이라 해도 완벽한 존재가 아닌 이상 끊임없이 자신을 성숙시키도록 자신의 내면세계를 가꾸며 시야를 확장해야 한다. 한 사람의 내면세계를 가꾸는 과정에서 필요한 것은 '책 읽기를 통한 이해의 지평 확대'이다. 우리의 대통령이 '책 안 읽는 대통령', 또는 '정치인들의 출판기념회에서 나온 책들만 가득한 서재를 가진 대통령'이라는 창피스러운 이미지를 넘어서야 하는 이유이다. 책 읽기와 비판적 사유, 이것은 한 나라의 지도자에게 무엇보다도 절실히 필요한 것이다.

대통령이 배신이라는 개념을 정치적으로 차용하는 것을 보면서, 그가 혹시 대의민주주의의 기본조차 이해하지 못하는 것 아닌가 하는 우려까지 했다. 나는 대통령이 이제부터라도 민주주의, 대한민국 헌법이 지닌 포괄적 의미와 그 실천, 진정한 지도력, 한국사회 안의 다양한 소수자들, 그리고 이 세계가 씨름하고 있는 긴급한 문제들에 대한 새로운 이해를 확장할 수 있는 책 읽기를 치열하게 하기 바란다. '책 읽기'를 통한 비판적 사유란 지식과 정보 축적의 의미로서만이 아니라 대통령이 한 인간으로서, 그리고 민주사회의 정치 지도자로서 폭넓은 시각과 성숙한 지도력을 가꾸어나가는 데 필수 조건이기 때문이다.

'더불어' 정치가 답해야 할 세 가지 질문

자크 데리다는 "삶이란 언제나 더불어 삶"이라고 강조했다. 21
세기에 들어선 이 현대 세계에서 '더불어'는 특히 매우 의미심
장한 개념으로 등장하고 있다. 이 '더불어'라는 개념이 최근 다
양한 방식으로 빈번하게 논의되는 것에는 이유가 있다. 인류
가 이전에 경험하지 못했던 중층의 위기 정황 때문이다. 기후변
화를 포함한 심각한 생태계의 위기, 핵 재앙의 위협, 그리고 다
양한 종류의 불평등과 배제의 문제가 극도화되면서 인간생명
뿐 아니라 동물생명과 식물생명 등 다양한 생명의 생존 가능성
이 위협받고 있기 때문이다. 프랑스의 철학자 장 뤽 낭시Jean-Luc
Nancy는 이러한 비관적인 상황을 "세계가 스스로를 파괴하고 있
다는 사실은 하나의 가설이 아니다. 그것은 이 세계의 모든 측

면을 면밀히 조명한 후 귀결된 분명한 사실이다. 그런데 우리는 '파괴한다'는 것이 구체적으로 어떤 의미인지, 또는 세계가 스스로를 파괴한다는 것이 정확하게 어떤 의미인지조차 알아내기 어려운 상황에 이르렀다"라고 탄식했다. 이전 세기와는 다른 의미에서 '더불어'를 비판적으로 성찰하는 것이 필요한 이유이다.

한국은 물론 세계적으로도 총체적인 위기의 시대라고 불리는 시기에, 새정치민주연합이 "국민과 더불어, 참신한 정치인과 더불어, 혁신과 더불어, 약자와 더불어 멋진 당"을 만들겠다는 당명 변경의 취지로 2015년 12월 28일 '더불어민주당'이 되었다. '더불어민주당'의 핵심 개념이 된 '더불어'는 21세기 시대정신을 반영하는 의미심장한 개명이 될 수도 있다. 그런데 이 '더불어'가 단순히 표를 얻기 위한, 표면적으로 "멋진 당"을 만들기 위한 장식품이 아니라면 사실상 매우 치열한 기획이 필요하다. '더불어'의 정치란 이 현실 세계의 배제·불평등·착취·불의 등의 문제들을 넘어 포괄·평등·복지·정의의 사회를 향하여 치열하게 개입하고 개혁하는 것을 의미해야 하기 때문이다. 낭만적으로만 이해하기 쉬운 '더불어'를 탈낭만화하고 복합화시켜야 하는 이유이다.

우리는 전 세계적인 위기들은 물론이고 한국 고유의 위기들과도 씨름해야 한다. '헬조선'이라는 신조어가 예시하듯, 한국에서 살아가는 것을 지옥처럼 경험하고 있는 이들의 수를 더는 무시할 수 없는 심각한 상황 속에 있다. 그래서일까. 한국의 자살률은 '경제협력개발기구^{OECD}' 국가 중 1위로서 37분에 한 명씩 자살하고 있다. 자살하는 이들은 어른만이 아니다. 초등학생·청장년·노년 등 모든 층의 사람들이 표면적으로는 각기 다른 이유로 자살을 한다. 그러나 근원적으로 보면 한국사회의 사회·문화·정치·제도적 문제, 그리고 다층적인 편견이나 차별과 직간접적으로 연계하여 있다는 것을 부인하기 어렵다. 개인들의 자살은 단지 개인적인 일만이 아니다. '헬조선'에 관한 사람들의 경험도 개인적인 것만이 아니라 제도적이며 사회정치적인 문제들과 연계하여 있다. "개인적인 것은 정치적인 것"이라는 여성운동의 모토가 예시하듯, 국가라는 정치적 틀 속에서 살아야 하는 삶의 구조에서는 그 어떠한 사소한 일도 단순히 '개인적인 것'이란 거의 없다. 전 세계적인 다층적 위기, 그리고 '헬조선'이라는 한국의 위기 시대에 '더불어'의 정신을 추구하는 것은 무엇보다도 절실한 과제가 되고 있다. 진정한 '더불어'의 정치를 실현하기 위해서는 다음과 같은 세 가지 질문과 치열하게 씨름해야 할 것이다.

첫째, 누가 이 '더불어'에 포함되는가. '더불어 정치'가 포함하고자 하는 사람들이 여전히 중심부에 있는 사람들만인지, 아니면 다양한 근거로 우리 사회에서 약자로서만 존재하는 이들이 포함되는지 물어야 한다. 비정규직 노동자·미등록 이주노동자와 그 자녀·성소수자·장애인·빈곤층 노인 등, 성별·사회계층·법적 지위·성적 성향·종교·육체적 또는 정신적 장애·나이 등으로 인하여 다층적 차별과 배제를 경험하는 사람들을 포함한 '더불어'인가 아닌가를 물어야 한다는 것이다. '누가' 이 '더불어'에 포함되는가를 묻지 않는 '더불어 정치'란, 공허한 정치적 퍼포먼스일 뿐이다. '누구'라는 질문에 성숙한 답변을 찾고자 한다면 현대사회에서 제기되는 포괄적인 인권의식과 위기의식을 폭넓게 연구 및 학습하고, 발견한 문제점들을 해결하기 위한 구체적 실천 방안을 모색하는 것이 필요하다.

둘째, 무엇이 과연 '더불어'를 지향하는 정치인가. 진정한 '더불어의 삶'이란, 생명 간의 관계가 어떠해야 하는가에 관한 세밀한 분석과 방향이 설정되어야 그 한 걸음을 내디딜 수 있다. 이러한 맥락에서 볼 때 '더불어 정치'란, 우선 진정한 '더불어'를 불가능하게 하는 것이 무엇인가를 비판적으로 조명해야 한다. 그 다음에 포괄적 의미의 정의·평등·포괄의 정치가 실현되도록 모색하는 실천적 과제를 수행해나가야 한다. '더불어 정치'에서 '무엇'에 대한 구체적인 제도적 분석과 치밀한 대안들이 제시되어야 하는 이유이다. 자명한 것 같은 인권·정의·평등·평화 등 더불어의 삶에서 중요한 가치들이란 사실상 전혀 자명한 것이 아니다.

현대 세계에서의 불의·폭력·차별·불평등은 매우 은밀하게, 그러나 강력하게 일어나며 재생산되고 있다. 따라서 '더불어 정치'란 이 현실 세계의 배제·불평등·착취·불의 등의 문제들을 넘어서서 포괄·평등·복지·정의의 사회를 향하여 치열하게 개입하고 개혁하는 것을 의미해야 한다. 다른 생명과 더불어 산다는 것은 단지 기계적으로 같은 장소나 공간에 모여 사는 것을 의미하는 것이 아니다. 또한 정치적 필요에 따른 일시적 구호가 되어서도 안 된다. '더불어 정치'를 통해서 무엇을 이루고자 하는지 구체적인 내용을 정치적으로 성찰하는 것이 필요하다.

셋째, 어떻게 이 '더불어 정치'를 실현할 것인가. '더불어의 정치'를 구체적으로 실현하기 위해서는 다양한 정치 제도들을 변혁해야 한다. 단기적 목표와 중장기적 목표들을 제시하면서 어떻게 우리 사회에서 정의·평등·포괄의 정치를 실현하고, '헬조선'은 물론 '헬세계'의 위기를 극소화하고 극복할 수 있을지 사회정치적 청사진이 있어야 한다. 그 청사진을 그릴 때는 인간뿐 아니라 자연 및 동물까지 포용하는 의식을 발휘해야 할 것이다.

지금 우리에게 절실하게 필요한 정치는, '헬조선'은 물론 '헬세계'의 위기를 최소화하고자 하는 구체적인 정치적 기획을 실현해나가는 정치이다. 현대사회에 존재하고 있는 다양한 약자들의 권리와 평등을 보장하면서 그 '포괄의 원circle of inclusion' 을 확장하는 진정한 '더불어 정치'가 언젠가 한국사회에서 실현되기를 기대한다.

개천에서 용 나면
안 되는 이유

학교 무상급식 중단을 결정한 홍준표 경상남도지사가 2015년 1월 2일 열린 경상남도 신년 인사회에서 "개천에서 용이 나는 사회를 만들겠다"라는 정치적 포부를 밝혔다. 이어 3월 12일에는 "개천에서 용이 날 수 있는 사회를 만들겠다"라는 광고를 일간지에 내었다. 오랫동안 한국사회에서 사람들이 말하고는 해왔던 속담인 "개천에서 용 난다"라는 표현이 새로운 것은 아니다. 그런데 사회에서 회자되는 이러한 말을 한 정치가가 무비판적으로 사용하면서 그것을 정치적 비전으로 제시하는 정치는 두 가지 측면에서 심각한 문제가 있다.

첫째, '개천'에 대한 절대적 비하이다. 개천은 전적으로 부정해야 하는 삶의 공간일 뿐 아니라 빈곤과 황폐, 그리고 패자들의 하찮은 삶의 표상으로 전락한다. 또한 권력과 부를 애초에 향유할 수 없도록 태어난 '흙수저'들이 살아가는 고정된 공간으로 고정된다. 그뿐 아니다. 개천은 벗어나야 할, 거부하고 부정해야 할 공간으로 만들어진다. 마치 '금수저'를 물고 태어난 사람은 이미 용이 사는 바다에 있는 사람들이고, 그 금수저를 주지 못하는 부모가 있는 사람들은 바다가 아닌 보잘것없는 개천에서 태어난 사람들이라는 극도의 왜곡된 가치관을 재생산한다. 개천은 한국을 포함한 대부분의 사회에서 절대다수가 살아가고 있는 평범한 삶의 공간이다. 어렵게 살아가는 평범한 사람들의 일상적 삶의 정황을 '개천'이라는 말로 비유하는 것은, 지금도 살아가기 위한 조건을 마련하기 위하여 씨름하고 있는 사람들의 삶을 전적으로 부정하는 기능을 한다. 그 기능은 말하는 사람의 의도와는 상관없이 작동한다.

둘째, '용'으로 상징화되는 가치의 문제점과 위험성이다. 용이란 다른 생명과 '공생'하는 삶을 지향하는 표상이 아니다. 오히려 다른 존재들 위에 '군림'하는 막강한 권력을 지닌 승자 또는 지배자의 표상이다. 따라서 '개천에서 용이 나는 사회'가 되는 것을 정치적 목표로 삼는 것은, 결국 사람들과 함께 살아가는 것이 아니라 다수 위에 군림하는 극소수를 양산함으로써 사회적 지위에 따른 계층적 위계주의를 더욱 강화하는 사회를 만들겠다는 것이다. 출신과 상관없이 모든 사람이 평등하게 권리를 보장받고 살아가는 민주주의사회의 이상을 정면으로 배반하고 그 흐름에 역행하는 정치관이다.

이러한 개천 비하와 용 지향적 정치관이 지니고 있는 결정적인 인식론적 오류가 있다. 개천은 사실상 다수의 보통 사람들이 살아가고 있는 생명 공간이다. 다양한 개천들이 모여서 비로소 사회라는 바다를 이루고 있는 것이다. '개천에서 용 나는 사회'를 지향하는 정치적 비전은 이러한 존재의 공생적 유기성을 보지 못하고 있다. 우리가 지향해야 하는 세계는 개천에서 솟아나와 권력과 부를 향유하는 극소수의 용을 선망하고 양산해내는 사회가 아니다. 오히려 그 개천에서 살아가는 사람들의 삶의 질을 높일 수 있도록 개천 자체를 살 만한 공간으로 만드는 사회이다. 소위 개천에서 사는 절대다수의 사람들이 인간다운 삶을 유지할 수 있도록 포괄적인 복지 제도와 교육 구조를 제도적으로 정착시키는 사회이다.

개천에서 살아가고 있는 사람들이 여남소노에 상관없이, 또는 사회경제적 위치에 상관없이 모두가 존엄성을 지키며 살아갈 수 있어야 하는 사회가 되어야 한다. 개천에 사는 사람들을 위하여 의식주·교육·의료 등 가장 기본적인 삶의 조건들을 제도적으로 정착시키고 보장하는 것은, 사실상 개천에서 살아가는 다수의 국민에 대한 국가의 책임이며 의무이다. 그렇지 않다면 '도대체 국가란 왜 존재하는 것인가'라는 근원적인 물음을 묻지 않을 수 없다.

여기에서 분명히 기억할 것은 그러한 기본적인 삶의 조건을 보장하는 다층적 복지제도들은 국가가 국민에게 베푸는 시혜가 아니라 국민으로서의 권리라는 점이다. 부모가 물질적 부와 정치적 권력을 지녀서 자신은 바다에 산다고 생각하며 개천의 삶을 하찮게 여기는 사람들이 있다면, 또는 자신이 가까스로 그러한 권력을 지닌 용이 되어서 이전의 개천에서의 삶을 통째로 부정하고 싶은 이들이 있다면, 그들은 근원적인 인식 전환을 해야 한다. 동시에 이 지구 위에 살아가고 있는 한 사람 한 사람이 평등한 존재라는 시대정신이 한국사회와 정치가들에게 확산되어야 한다.

18세기에 등장한 '코즈모폴리턴 권리'라는 개념은 21세기에 들어서서 세계시민사회를 향한 중요한 구상으로 재등장하고 있다. 이 코즈모폴리턴 권리가 주어지는 조건은 민족이나 국적이 아니라 단지 이 지구 위에 거하는 인간이라는 것뿐임을 칸트는 강조한다. 이러한 코즈모폴리턴 권리와 같은 거시적 이상이 아니더라도, 단지 이 한국 땅 위에 거하는 인간이라는 조건 하나만으로 개천에서 살아가는 모든 사람이 그들 삶에 필요한 생존 조건들을 보장받는 한국인 권리를 제도화시키고 지켜내는 사회를 만들어 가는 것, 이것이 정치의 중대한 목표가 되어야 한다. 용을 만드는 정치가 아니라 모든 이들이 평등하게 살아가는 삶을 지향하는 정치가 되어야 한다. '개천에서 용이 나는 사회'를 만드는 것이 정치적 이상이 되는 것의 한계가 바로 여기에 있다.

그리스 역사가인 플루타르크Plutarch는 그 모든 이들이 동료로 살아가는 사회정치적 이상을 다음과 같이 표현한다. "우리 인간은 모든 다른 사람들을 동료 시민으로, 같은 지역 주민들로서 생각해야 한다. 그리고 마치 한 무리의 가축들이 함께 풀을 뜯어 먹으며 공동의 방식으로 함께 양육되어야 하는 것과 같이, 우리 모든 인간들이 함께 어울려 살아가는 삶과 질서를 유지하는 하나의 길이 있어야 한다."

개천들을 휘저으며 다양한 종류의 생명 위에서 권력을 휘두르고 군림하는 용은 이제 필요 없다. 아니, 그러한 용들의 출현과 양산을 막아야 한다. 그 용들은 개천의 삶을 통째로 부정하면서, 한국 땅의 모든 이들이 함께 어울려 살아가는 '공생과 복지의 정치'가 아닌 '군림과 탐욕의 정치'로 우리 사회를 멍들게 하기 때문이다.

한국에서 사는 외국인 여성들을 대상으로 하는 교육 프로그램에서 '한국의 여성'이라는 과목을 여러 학기 가르친 적이 있다. 그 프로그램에 와서 강의를 듣는 대부분의 사람들은 한국 주재 외교관들의 여성 배우자들이었다. 학기마다 강의에 오는 사람들은 바뀌는데, 학기마다 거의 예외 없이 내가 늘 받곤 하는 두 가지 질문이 있었다. 하나는 '왜 한국이 세계 고아 수출 1위가 되곤 하느냐'는 것이었다. 한국에서 생활해보니 사람들이 굉장히 따스하고 친절한 것 같은데 왜 불쌍한 고아들을 한국 내에서 입양하지 않고 외국으로 보내는지 잘 이해되지 않는다고 했다. 다른 하나의 질문은 여성들이 결혼 후에도 남편 성을 따르지 않아서 서구 여성들보다 더 해방적인 것 같은데, 살아보니 한국사회가 매우 남성중심적이고 가부장제적이어서 이 두 상황이 잘 연결되지 않는다는 것이었다. 한국 남성들 중에는 한국 여성들이 결혼 후에도 남편 성을 따르지 않는다고 하면서 한국 여성들이 서구의 여성들보다 더 해방되었다고 주장하는 이들이 있단다. 그런데 구체적인 생활에서는 그것이 잘 느껴지지 않는다는 것이다. 이 두 가지 질문을 하나로 묶을 수 있는 개념은 바로 '부계 혈통중심적 가족주의'이다.

서구에서는 여권운동이 확산된 이후, 결혼 후에도 자신의 성을 그대로 유지하는 여성들이 늘어가고 있다. 결혼 후 자동으로 남편의 성을 따르는 사람들이 여전히 많지만, 의식 있는 여성들은 법적으로 남편 성이 아니라 자신이 결혼 전 쓰던 성을 지키고자 한다. 그런데 한국사회는 애초 결혼 후에도 여성들이 남편 성을 따르지 않았다. 표면적인 현상만 보면 오래 전부터 자신의 성을 지킬 수 있는 한국 여성들이 서구 여성들보다 더 해방된 것처럼 보인다. 그러나 서구 여성들과 달리 한국 여성들이 남편 성을 따르지 않는 것은 여성의 주체의식을 존중해서가 아니다. 남편의 집안과 피 한 방울 섞이지 않기에, 남편 성을 '안' 따르는 것이 아니라 '못' 따르는 것이다. 부계의 피가 섞이지 않으면 절대로 정식 가족이 될 수 없다는 배타적인 부계 혈통중심적 가족주의는, 한국사회에서 다층적인 문제를 낳아왔다. 가족의 대를 이을 아들이 반드시 필요하다는 남아선호사상을 만연시켰기 때문이다. 이러한 사회에서 고아를 입양하는 것은 집안의 수치이다. 만약 입양되었다고 해도 그것은 비밀에 부쳐지곤 한다. 한국의 드라마나 영화에서 여전히 '출생의 비밀'이 소재로 자주 등장하는 것도 바로 이러한 이유에서이다.

아들 낳기에 집착하는 경향이 훨씬 사라진 것 같은 지금도 '피 한 방울'이라는 용어는 대중매체에서 자연스럽게 쓰이고 있다. 2014년 배우 차승원이 친자 소송 사건에 휘말린 적이 있다. 당시 대중매체는 차승원이 "피 한 방울"도 섞이지 않은 아들의 "출생 비밀"을 지켜왔으며, "마음으로 낳은 아들"이라고 말했다는 제목의 기사들로 가득 차 있었다. 배우 차승원이 16년 동안 아들의 출생 비밀을 지켜준 아버지로 기사화되는 우리 사회의 가족 개념은 여전히 문제가 심각하다. 자기 아들과 '피 한 방울' 섞이지 않았다는 것을 비밀로 해야 했던 아버지를 양산하는 것은, 바로 한국사회가 집착하고 있는 그 부계 혈통중심주의 때문인 것이다. 지금도 여전히 한국사회 구석구석에는 이렇게 출생의 비밀 때문에 마음 졸이며 일생을 살아가고 있는 사람들이 많을 것이다.

현대에 들어서 다양한 측면에서 변화가 일어나고 있는데, 여전히 한국의 혈통중심적 가족주의는 완강하게 한국사회의 근저에 자리 잡고 있다. 그래서 '정 많은' 한국 사람들은 우리 사회의 아이들을 스스로 입양하지 못하고 다른 나라로 내보내고 있으며, 한국은 '고아 수출국'이라는 표지를 달고 있다. 아버지의 피가 섞여야 진정한 가족이며, 아버지의 피가 섞인 아이를 낳아야 온전한 가족이라고 생각하는 가족 이해에는 문제가 있다. 이성애 부모와 그들과 피가 섞인 아이들이 있는 가족만이 '정상 가족'이며, 그 밖의 다양한 가족 형태들은 모두 '비정상 가족'이라는 사고방식으로 이어지기 때문이다. 한부모 가족, 다부모 가족, 입양아 가족, 무자녀 가족, 비혼모 가족, 동성애 가족 등 점차로 다양해지는 가족 형태를 모두 인정하고 존중하는 가치관이 사회에 퍼지기 어렵게 한다.

　　독일의 나치 시대와 남아프리카공화국(이하 남아공)의 인종차별 정부 시대에는 각기 다른 인종 간의 결혼이 법으로 금지되었다. 소위 '한 방울 규율one-drop-rule'이라 부르는 이 순수주의 원리에 근거해서 게르만 민족주의 또는 백인중심주의적인 인종적 혈통순수주의를 강화하고 유지하는 정책들이 제도화되었다. 게르만 민족이나 백인이 아닌 타 인종의 피가 한 방울이라도 섞이면 그 인종적 순수성이 오염된다고 믿었기 때문이다. 이러한 '한 방울 규율' 때문에 미국에서도 1967년까지 다른 인종 간의 결혼은 불법이었다. 백인 어머니와 흑인 아버지 사이에서 태어난 미국의 오바마 대통령을 흑인 대통령이라고 부르는 것도 논리적으로는 맞지 않는다. 흑인과 백인의 피가 각기 50퍼센트씩 있는 오바마 대통령을 백인이 아닌 흑인으로 언제까지나 간주한다는 것은 이 '한 방울 규율'이 여전히 은밀히, 그러나 강력하게 작동하고 있다는 것을 시사한다.

나의 백인 친구와 동료 중에는 자신과 피부색이 전혀 다른 한국 아이·베트남 아이·중국 아이·흑인 아이를 입양하여 가족으로서 함께 사는 사람들이 있다. 한국 아이를 입양한 친구는 자신의 딸에게 한국 동화를 구해 읽어주고, 한복을 사서 입히며, 한국과 관련한 갖가지 비디오를 구해 보여준다. 또한 베트남 아이를 입양한 동료 교수는 방학 때 아들을 위해 온 가족이 베트남 여행을 하기도 한다. 자신들과 '피 한 방울' 섞이지 않아도, 피부색이 전혀 달라도 진정으로 사랑하고 아끼는 가족이 되는 '탈혈연중심적 가족'으로 살아가는 것이다. 이렇게 탈혈연중심적 가족주의가 당연한 상식인 사회가 되는 것은 21세기 한국사회가 당면한 중요한 과제이다.

한 사회가 어떻게 가족을 이해하고 있는가는 단지 개인적인 차원의 문제만이 아니다. 제도로서의 가족 개념에는 경제·정치·종교·법 등 다양한 공적 차원의 문제들이 개입되어 있기 때문이다. 따라서 가족을 생물학적 단위로만 이해하는 것에는 한계가 있다. 가족은 생물학적 단위를 넘어서 보다 복합화되고 개방된 사회적 단위로 이해할 필요가 있다. 양성 부모와 직계 자녀가 있는 가족만이 아니라 다양한 양태의 가족 형태를 인정하고 존중하는 탈혈연중심적 가족, 그리고 탈이성애중심적 가족 이해를 확산하는 것은 한국사회가 상이성을 존중하는 성숙한 사회로 이행하도록 하는 중요한 터전이 될 것이다.

'출생의 비밀'이 더는 영화나 드라마의 소재가 될 필요 없는 사회, 고아 수출국이 아니라 수입국이 되는 사회, 다양한 양태의 가족들을 모두 존중하는 사회가 된다면 한국은 지금보다 훨씬 평화롭고 살만한 곳일 것이다. 가족을 급진적으로 재개념화하는 것이 절실하게 필요한 이유이다.

사회적　저항

*
*
*

그람시는 이 세계에서 벌어지는 일에 무관심한 사람들은 인간으로 '사는 것'이 아니라 '기생하는 것'이라고 했다. 또한 무관심은 인간의 지성을 파괴하면서 역사 속에서 더욱 나은 세계를 향한 최선의 계획들을 뒤틀고 망가뜨리는 힘을 가지고 있다고 봤다. 인간으로 살아간다는 것은 결국 보다 정의롭고, 평등하고, 평화로운 세계를 위한 변화에 관심을 기울이는 것을 의미한다.

분노를
배워야 하는 이유

"나는 무관심한 자들을 미워한다." 무솔리니^{Benito Mussolini}의 전
체주의 정권하에서 저항운동을 펼쳤던 안토니오 그람시^{Antonio}
^{Gramsci}가 남긴 말이다. 우리가 사는 '현실 세계'와 이 현실 세계
가 지닌 문제들이 극복되는 '이상 세계' 사이에는 언제나 커다
란 거리가 있다. 그 엄청난 거리는 이 세계에 여전히 불의·불공
평·불평등·폭력이 존재한다는 것을 의미한다. 그람시는 더 나
은 세계를 만들어가기 위한 과정에서의 걸림돌 중 하나가 무관
심한 사람들이라고 지적한다. 그렇다면 '무관심자'가 아닌 '관심
자'가 되는 데 필요한 것들은 무엇일까. 그중 하나는 불의에 분
노하는 것이다. 불의에 분노하는 것은 이 세계를 향한 책임 있
는 관심이며 변혁을 향한 열정이기 때문이다.

사람들은 흔히 분노를 매우 부정적으로 간주한다. 특히 개인들의 권리보다는 가족·학교·직장 등 공동체의 조화를 중요한 덕목으로 간주하는 한국 같은 사회에서, 개인들이 특정한 상황에서 느끼는 분노의 감정은 공동체 안의 조화와 대치하는 부정적인 감정으로 치부되곤 한다. 그러나 모든 분노를 하나로 묶어서 부정적으로 보는 것은 바람직하지 않다. 분노에는 여러 종류가 있기 때문이다. 다양한 분노들의 양태는 대략 본능적 분노, 성찰적 분노, 그리고 파괴적 분노 등 세 가지로 나눌 수 있다.

'본능적 분노'란 자신이 겪는 어떤 외적 위협에 반응하는 즉각적 분노이다. 이러한 본능적 분노는 사람은 물론 동물들에게서도 나타난다. 자신에게 어떤 육체적 고통이 주어졌을 때 즉시 반응하는 것으로서, 어떤 도덕적 성찰이 개입되는 것은 아니다. 예를 들어 뱀이 개를 물려고 할 때, 그 개는 뱀을 향해 으르렁거림으로써 자신의 분노를 드러낸다. 이러한 분노는 자기 보호 본능에서 유발되는 것으로, 윤리적 성찰이 개입되기 이전에 나타난다.

'성찰적 분노'는 어떠한 사건이나 행위에서 부당함·불의함·불공평성 등을 분석한 후, 그 분석에 따른 윤리적 판단이 반영되는 분노이다. 즉 상황을 포괄적으로 분석하고, 그 분석에 근거해서 윤리적으로 판단하며, 그 판단에 근거한 행동의 과정을 거쳐서 얻게 되는 숙고된 분노라고 할 수 있다. 도덕적 성찰이 개입되기 이전인 본능적 분노에 머무는 것이 아니라 분노의 원인을 파악하고 그 분노가 과연 정당한지, 그 분노의 근거가 무엇인지를 성찰한 후 느끼는 분노라는 점에서 성찰적이다. 사람들은 폭설·지진·쓰나미와 같은 자연재해로 상처를 입고 극도의 피해를 당하였어도 그 자연재해를 향해 윤리적 판단을 적용한 성찰적 분노를 표출하지는 않는다.

마지막으로 '파괴적 분노'가 있다. 이 파괴적 분노는 본능적 분노나 성찰적 분노가 지나치게 될 때 증오·원한·복수심으로 전이된 것이다. 즉, 반윤리적 분노라고 할 수 있다. 이런 파괴적 분노와 성찰적 분노를 종종 혼동하는 경우가 많다. 그러나 이 두 종류의 분노는 그 동기·과정·결과가 매우 다르다. 둘 사이의 가장 결정적인 차이는 분노의 대상이다. 성찰적 분노는 부당한 '행위' 자체에 초점을 두지만 파괴적 분노는 '행위자'를 향하면서 그 사람의 존재 자체를 맹목적으로 부정하고, 증오하고, 급기야는 악마화하는 방식으로 표출된다.

폭력과 차별 및 부당한 대우를 겪는 피해자들과 연대하는 것은 매우 중요하다. 그러한 연대로 불의하고 불평등한 일들이 개선되고, 더욱 정의로운 사회를 향해서 진일보할 수 있기 때문이다. 그런데 종종 연대하는 이들이 '성찰적 분노'와 '파괴적 분노'를 분리하지 못하는 경우가 많다. 약자들이 겪는 부당한 행위 자체에 윤리적으로 분노하는 것이 아니라 연대의 이름으로, 또는 정의의 이름으로 부당한 행동을 한 사람 자체를 악마화하고 그의 존재를 부정하는 증오를 표출하는 것이다. 특히 SNS 가 일상화된 현대 세계에서 어떤 사람을 악마화하고 증오하는 파괴적 분노는 손쉽게 퍼진다. 이러한 '반윤리적 분노'는 그 분노의 대상을 사회적 죽음은 물론 육체적 죽음으로까지 내몰 수 있다는 점에서 지극히 파괴적이다. 또한 타자는 물론 자신의 인간성까지 파괴하는 독성을 지녔다. 부당한 일을 경험하고 있는 사람들과의 연대가 성찰적 분노의 경계선을 넘어가면서 파괴적 분노로 이어지는 것은 경계할 사항이다.

우리가 지속적으로 배워야 하는 분노는 파괴적 분노가 아닌 성찰적 분노이다. 누군가가 불의한 행동을 했을 때 옳고 그름을 윤리적으로 판단하는 사람이라면 성찰적 분노를 할 수 있어야 한다. 성찰적 분노가 주는 두 가지 중요한 이득이 있다. 첫째, 개인 차원에서의 이득이다. 성찰적 분노는 폭력적 상황으로부터 개인들을 보호하고 자기 존중감을 유지하게 한다. 자신에게 부당한 일이 일어났는데도 아무런 분노를 느끼지 못한다면, 그것은 이미 그 개인 속에 지켜낼 자존감도 남아있지 않거나 무엇이 부당한 것인가에 관한 인식이 결여되어 있다는 것을 의미한다. 둘째, 공적 차원에서의 이득이다. 성찰적 분노에 의거한 문제 제기와 항의로 잘못을 저지른 이들의 개선과 그들 자신이 저지른 잘못에 상응하는 처벌을 요구함으로써 정의의 집행이 가능하도록 할 수 있다. 그와 동시에 성찰적 분노는 다른 사람들이 그 같은 유사한 잘못을 하지 못하도록 하면서 서로를 보호하게 만들 수도 있다.

성찰적 분노는 본능적 분노와 달리 저절로 생기지 않는다. 분노해야 할 사항들이 무엇인가를 학습하고 성찰해야만 가능하다는 것이다. 특히 현대사회와 같이 차별과 배제, 불공평과 조작이 노골적으로가 아니라 은밀하고 간접적인 양태로 이루어지고 있는 사회에서는 사실상 '무엇에', 그리고 '왜' 분노해야 하는가를 많은 이들이 모르고 있다.

그람시는 이 세계에서 벌어지는 일에 무관심한 사람들은 인간으로 '사는 것'이 아니라 기생충처럼 '기생하는 것'이라고 했다. 또한 무관심은 인간의 지성을 파괴하면서 역사 속에서 더욱 나은 세계를 향한 최선의 계획들을 뒤틀고 망가뜨리는 힘을 가지고 있다고 봤다. 인간으로 살아간다는 것은 결국 보다 정의롭고, 평등하고, 평화로운 세계를 위한 변화에 관심을 기울이는 것을 의미한다. 무관심이라는 병을 지니고 살아가는 '기생의 삶'을 거부하고 '인간으로서의 삶'을 살고자 하는 것, 이것이 우리가 성찰적 분노를 배워야 하는 이유이다.

표절보다 깊은 병

신경숙 작가가 그의 소설 〈전설〉 일부를 일본 소설가 미시마 유키오三島由紀夫의 〈우국〉에서 표절했다는 논란이 2015년 한국사회를 시끄럽게 했다. 많은 이들이 표절 의혹에 극도의 분노와 배반감을 표출하고, SNS는 다양한 코멘트들로 뜨겁게 달구어졌다. 표절에 집단적 분노가 표출되고, 그의 작가로서의 존재 자체를 부정하는 수준까지 치닫는 조롱과 비방의 댓글들이 곳곳에 퍼졌다. 합리적 비판과 폭력적 비방 사이에 존재해야 하는 경계가 무너지는 현상이었다. 이 집단적 분노를 보면서 한국사회가 오랫동안 지니고 있는 뿌리 깊은 병을, 그리고 표절 문제가 문단에서만이 아니라 다양한 분야에서 등장하고 있는 것을 고민하지 않을 수 없다.

2 – 평등사회를 위하여: 사회적 저항

많은 대학에서 빈번히 등장하는 이슈 중의 하나가 표절이다. 교수들의 다양한 평가 과정에서 표절 의혹 제기는 단골 이슈이다. 비장한 각오로 표절의 검은 그림자를 폭로하는 고발이 종종 있기도 하지만 많은 경우 흐지부지되고 다시 일상으로 돌아간다. 학생들의 논문을 심사할 때 많은 부분에서 노골적인 표절이 분명한 경우도, 이들의 석사·박사 논문은 종종 너그럽게 통과되곤 한다. 고질적 표절 성향이 어찌 보면 우리 사회의 디엔에이처럼 자리 잡고 있는 것은 아닌가 하는 생각마저 들 정도이다. 그럼에도 누구든 이 표절 의혹의 대상인 사람을 향해 총체적인 비난·비하·비방의 언어를 던지는 것은 매우 위험하다. 정의의 이름으로 한 인간의 인간성까지 부정하는 것은 분명한 사회적 폭력이다. 원색적 비방이 아닌 비판이 필요하다.

표절의 영어인 'plagiarism'은 라틴어의 '유괴plagium'가 그 어원이다. 이렇게 '지적 도둑질'이라고 간주되는 표절에 관대한 한국사회의 표절 불감증은 어디에서 기인하며, 왜 표절 시비가 문단·학술·종교·디자인·대중문화계 등 곳곳에 이토록 산재한 것일까. 물론 표절이 한국에서만 일어나는 것은 아니다. 다만 한국처럼 모든 분야에서 크고 작은 표절 사건이 지속적으로 표출되는 사회는 참으로 드물다. 나는 그 주요 원인 중의 하나를 '독창적 사유를 억누르는 병' 때문이라고 본다. 글쓰기와 같은 창의적 작업에 중요한 필요조건 중의 하나는 독창적 사유이다. 그러나 한국사회는 개개인들의 독창적인 사유를 억누른다. 입시와 암기 위주의 공교육, 고정된 정답 찾기를 강요하는 교육 방식, 그리고 군사주의적이고 유교적인 위계주의 문화 속에서 자라온 우리는 하향적 성향의 집단적 사유에 익숙하다. 그 집단의 테두리에서 벗어나서 독창적 사유를 하는 것이 무엇인지 배울 수 없는 교육을 받아왔기 때문이다. 언제나 정답이 강요되는, 그 정답과 다른 생각을 하는 것은 곧 '틀린 것' 또는 '위험한 것'으로 규정되는 사회 속에서 표절하지 않고 창의적인 작업을 하는 것은 참으로 어려운 일이다.

게다가 우리는 표절이 도대체 무엇인지 분명한 교육을 받은 적이 없다. 어디까지가 표절이고 어디까지가 인용인지 일상적인 교육 현장에서 배운 적이 없다는 것이다. 한국에서 학사·석사·박사 과정 등 고등교육을 받는 과정에서도 자기 생각과 타자의 생각이 어디에서 어떻게 겹치고 갈라지는지 분명하고 체계적으로 교육받지 못한다. 현란한 짜깁기와 은밀한, 또는 노골적인 표절이 글이나 작품에 고스란히 담겨 있는 경우가 참으로 많은 이유이다.

내가 미국에서 교수로 일하기 시작하던 첫 학기에, 논문에서 표절을 집어내는 소프트웨어 사용법 교육을 받기 위해 3일 동안 진행되던 워크숍에 참여한 적이 있다. 새로 임용된 교수들에게 대학이 권장하는 교육 프로그램 리스트에 이 워크숍이 포함되어 있어서, 테크놀로지에 별로 관심 없던 내가 3일이라는 긴 시간을 할애하였다. 한국에서 오랫동안 가르칠 때 나는 이러한 소프트웨어의 존재조차 모르고 있었다. 이 소프트웨어에 파일을 넣으면 특정한 인터넷 자료·논문·책 등과 유사 구절들이 어떻게 얼마큼 겹치는지를 분석하여 퍼센티지와 함께 상세하게 보여준다. 이 프로그램을 이용하면 교수가 자신이 가르치는 과목마다 따로 폴더를 만들어서 학생들 스스로 자기 점검을 하게 할 수도 있고, 교수 자신이 학생들이 제출한 페이퍼를 개별적으로 그 시스템에 입력하여 표절의 정도와 내용을 점검할 수도 있다. 교수는 15퍼센트나 20퍼센트처럼 어느 정도까지 학생들이 제출한 페이퍼가 다른 자료들과 겹치는 것을 허용할지를 자율적으로 결정한다. 동일한 언어를 사용하는 이들의 글에서 겹치는 부분의 지수를 0퍼센트로 기대하는 것은 불가능하기 때문이다. 표절의 다양한 양태와 표절이 심각한 '지적 범죄'라는 이해가 대부분의 학생에게 상식화되어 있으며, 교수들의 강의 요목은 물론 대학의 정책에서도 분명히 명시되어 있다.

한국사회에서 '표절 불감증'이라는 심각한 병을 넘어서는 것은 사실상 표면적인 법적 제재만으로 가능하지 않다. 표절이 사라지기 위하여 선행되어야 하는 더 근본적인 문제가 있는 것이다. 표절 자체보다 근원적인 문제를 해결하기 위해서는 무수한 개별인들이 집단적 사유나 정답을 찾는 사유가 아니라, 각각의 내면세계 속에서 창의성·고유성을 자유롭게 분출할 수 있는 사회문화적이고 교육적인 장치를 만들어야 한다. 어릴 때부터 다른 사람과 다르게 독창적으로 생각하고 행동하면 문제

아로 간주된다. 가정·학교·회사 등에서도 위에서 내려오는 지침에 무조건 '예' 하는 것이 미덕으로 치부되는 사회에서 이렇게 표절이 곳곳에 마치 바이러스처럼 퍼져 있는 것은 어찌 보면 당연한 일인지 모른다.

개개인들이 자신의 고유한 생각을 자유롭게 사적·공적 공간에서 표현하는 것을 존중하는 문화를 만들어가는 것이 긴급한 과제이다. 개인들이 지닌 창의적 사유를 존중하는 사회는 이렇게 표절 불감증으로 지식 생산의 중심 공간인 대학이나 문단 세계의 가치를 총체적으로 하락시키지 않는다. '표절 공화국'의 비애를 넘어서기 위해서는 엄격한 표절 규정과 표절 결과에 엄중한 책임을 지는 것이 특별한 일이 아닌 상식적인 일로 간주되는 사회로 나아가야 한다.

'표절사회'를 넘어서기 위해서는 '예'만이 아니라 '아니오'도 존중하는 사회, '정답 찾기'가 아니라 새로운 '물음 찾기'의 중요성을 가르치는 사회, 그리고 '집단적 사유'만이 아니라 '개별적 사유'들의 소중함을 아는 사회로 변화되어야 한다. 이러한 변화가 점차적으로라도 나타날 때, 표절은 극소화되고 독창적 사유의 꽃들이 우리 사회의 곳곳에 피어나게 될 것이다. '표절사회'가 만들어진 근원적인 원인을 알아야 하는 이유이다.

남성은 페미니스트가
될 수 있는가

교사·교수·종교인·국회의원 등이 저지르는 성폭력·성추행·성희롱이 한국사회의 구석구석에서 불거지고 있다. 새로운 일이라기보다 오래 전부터 관행처럼 되어왔던 일들이 표면으로 드러나는 것이다. 그뿐 아니다. 다양한 인터넷 매체에서 확산하고 있는 여성 혐오와 여성 비하는 극도에 이르렀다. '개똥녀'·'강사녀'·'신상녀'·'루저녀'·'지하철 반말녀'·'명품녀'·'패륜녀' 등 다양한 '~녀'들은 물론, '삼일한(여자는 3일에 한 번씩 때려야 한다)' 등과 같이 여성 혐오를 노골적으로 표현하는 신조어들이 광범위하게 회자되고 있다.

지난 2015년 1월 '이슬람국가[IS]'에 가입했다고 알려진 '김군'은, 자신의 트위터에서 "나는 페미니스트가 싫다"라는 말을 남겼다. 역설적이게도 '이슬람국가'를 악마화하는 이들 사이에 서조차 김 군의 페미니스트 혐오 진술에는 동조하는 경향이 있다고 한다. 그런데 여성 혐오성 논의들에서 사용되고 있는 페미니스트란, 종종 '남성 혐오자'나 '남성 역차별주의자'로 왜곡되어있다. 이러한 현상들의 저변에는 여성의 존재 이유를 성적 도구와 출산 도구로만 보는 가부장제적 여성 혐오가 다양한 얼굴로 작동하고 있다. 여성을 온전한 인격체로서의 인간이 아니라 생물학적 기능의 대상으로만 보는 왜곡된 시각은, 사적 또는 공적 공간에서 여성 혐오를 확산시키고 있다. 여성이 차별받는 사회를 넘어 모든 인간이 평등한 사회로 전이되기는커녕 여성이 혐오받는 사회로 나아가고 있는 것처럼 보이게 하는 이 현상은, 페미니즘의 담론과 실천의 측면에서 한국사회의 인식론적 시계가 거꾸로 가고 있는 것이 아닌가 하는 우려를 하게 한다.

여성 혐오는 여성을 두 가지 차원으로 이해한다. 여성은 '위험한 존재'임과 동시에 남성보다 '열등한 존재'라는 것이다. 성적 도구로서의 여성은 언제나 남성을 유혹하는 위험한 존재라는 이해는, 강간과 같은 극도의 성폭력 사건이 일어났을 때도 피해자 여성에게 먼저 의혹의 눈길을 보내게 한다. 지도자 역할을 하는 주요한 직위에는 여성보다는 '어쨌든' 우월한 남성이 있어야 한다고 생각하는 것도 여성 혐오의 또 다른 얼굴이다. 상충적인 것 같은 여성의 이상화나 혐오화 모두 사실상 가부장제적 남성중심주의에 그 뿌리를 내리고 있다. 이러한 가부장제사회에서 살아온 남성과 여성들은 다양한 방식으로 남성중심주의의 성차별적 가치를 내면화하고 자연화함으로써, 결국은 각기 다른 종류의 피해자들이 되어버린다. 특히 여성 혐오를 내면화한 여성은 종종 가부장제적 가치를 재생산하는 데 공모함으로써, 결국 자신의 해방과 평등에 등 돌리기도 한다.

페미니즘은 그러한 상황을 변화시키기 위한 이론이자 운동이다. 페미니즘을 어떻게 규정할 것인지는 페미니스트 이론가들 사이에서도 통일된 바가 없다. 자유주의·마르크스주의·급진주의·사회주의 페미니즘 등의 입장에서 각기 규정하는 바가 다르다. 여성중심주의gynocentric 페미니즘과 휴머니스트 페미니즘에서 제시하는 정의 또한 서로 다르다. 그처럼 페미니즘은 특정한 역사·문화적 정황과 사회정치적 정황에 따라서 다양하게 규정되어왔다. 그럼에도 "여성도 인간이다"라는 말은 페미니즘의 핵심 정의라고 할 수 있다. 특히 현대 페미니즘은 여성만이 아니라 인종·계층·나이·신체적 능력·성적 지향 등에 근거한 차별에 반대하며 다양한 소수자들도 인간이라는 이해를 담고 있다. 그렇기에 페미니스트란 성차별주의적 구조들을 우선적으로 비판하는 것으로부터 출발하지만, 여타의 차별과 배제에 반대하고 저항하는 이들의 정치적 입장을 나타내는 개념이 되어야 한다. 여성을 열등한 존재로 보는 그 성차별적 가치와 제도에 반대하면서 다양한 형태의 정의가 실현되기 위한 변화를 모색하고자 하는 이들이 바로 '페미니스트'인 것이다.

이러한 의미에서 페미니즘은 '생물학적 본질'에 관한 것이 아니라 '정치적 입장'에 관한 것이며, 페미니스트란 '생물학적 표지'가 아닌 '정치적 표지'이다.

'남성이 페미니스트가 될 수 있는가?' 이 질문에 대한 답은 누구에게 묻는가에 따라서 '예'와 '아니오'라는 답변이 모두 가능하다. 질문을 받은 사람이 여성의 생물학적 조건을 변할 수 없는 본질적인 것으로 설정하는 여성중심주의적 페미니즘을 따르는 사람이라면 생물학적 남성은 결단코 페미니스트가 될 수 없다. 이 입장에서 봤을 때, 남성이 자신을 페미니스트라고 부른다면 그 남성 페미니스트의 페미니즘은 얼핏 보면 진짜 그릇 같지만 실제로 들여다보면 진짜의 모조품인 플라스틱 그릇처럼 형태만 그럴듯한 '플라스틱 페미니즘'일 뿐이다. 반면 이 질문을 남성과 여성 사이의 생물학적 차이를 본질적인 요소로 보지 않고 인간이라는 공통적 요소들의 중요성을 더욱 강조하는 휴머니스트 페미니즘의 입장을 지닌 이에게 묻는다면 그 대답은 '예'이다. 다양한 종류의 배제와 차별에 반대하고 더욱 평등하고 정의로운 사회로의 변화를 모색하는 페미니스트는 생물학적으로 '태어나는 것'이 아니라 사회정치적으로 '되어가는 것'이다. 차별과 배제의 문화와 가치에 저항하고 변화를 모색하는 것은, 사회적 소수자들과의 '생물학적 동질성'에 근거해서가 아니라 '동료 인간'에 대한 책임과 연대라는 '정치적 입장'과 소신에 근거해야 한다.

'남성이 페미니스트가 될 수 있는가?' 나는 이 질문에 다음과 같이 답한다. '남성은 페미니스트가 될 수 있을 뿐 아니라, 페미니스트가 되어가야만 한다.' 페미니즘은 자신의 생물학적 본질성에 근거해서, 또는 여성들을 위하여라는 시혜적 의미에서 전개되는 것이 아니다. 19세기 가장 영향력 있는 영국의 철학자이며 정치가 중의 하나였던 존 스튜어트 밀^{John Stuart Mill}은, 1869년에 나온 《여성의 종속》이라는 책에서 여성과 남성의 평등이 법과 교육을 통해서 가정과 사회에서 실현되어야 한다고 강력하게 주장함으로써 자유주의 페미니즘의 초석을 놓는데 이바지한다. 그는 페미니즘의 역사에서 매우 중요한 '남성 페미니스트' 중의 한 사람이다. 여성을 향한 고질적인 성차별과 성폭력이 사라져 더는 '페미니스트'라는 언어가 필요 없을 때까지, 생물학적 성에 상관없이 더욱 많은 이들이 페미니스트가 되어가야만 한다.

한 특정 집단의 헌신과 기여는 한 사회의 진정한 변화를 위한 필요조건이지만 충분조건이 될 수는 없다. 여성뿐 아니라 남성 페미니스트들이 곳곳에 퍼져갈 때, 한국사회 구석구석의 성차별·성폭력·성희롱·여성 혐오·여성 비하의 질병을 넘어 모든 이들이 인간이라는 사실 하나만으로 평등하게 존중받는 성숙한 민주사회로 한걸음 더 나아갈 수 있게 될 것이다.

성소수자 혐오는
'인류에 대한 범죄'다

인류의 역사는 다양한 차별의 벽을 넘어 '개방과 포괄의 원'을 넓혀온 역사이기도 하다. 1960년대 성별과 인종에 근거한 차별 문제가 공공 영역에서 본격적으로 제기되기 시작한 이후, 현대 사회가 풀어야 할 가장 긴급한 문제 중의 하나는 성소수자 차별이다. 특히 지금 한국사회에서 성소수자 혐오는 노골화된 양태로 나타나고 있다. 교육부는 2015년 3월 각 시·도 교육청을 통해 일선 학교에 전달한 〈성교육 표준안 연수자료〉의 내용에서, "성교육은 교사의 성적 가치를 전수하는 것이 아니"며, "동성애에 대한 지도는 허락되지 않는다"라고 강조했다. 이어서 "다양한 성적 지향 용어 사용을 금지"하고 "(기존 교육안에서) 성소수자 내용을 삭제"하라고 지시했다.

2014년 '성적지향 성별정체성 법정책연구회'가 발표한 한국 성소수자 실태를 보면, 18세 이하 응답자 623명 중 45.7퍼센트가 자살 시도를 한 적이 있다고 했다. 그럼에도 보수 기독교 단체들은 한국이 동성애로 물들지 않게 해야 한다며 갖가지 모임을 통해서 동성애자들을 규탄하고 저주하고 있다. 이들 보수 기독교 지도자 모임에 초청받은 정치인들은 한결같이 성소수자 차별을 금지하는 '차별금지법'이 '자연과 하나님의 섭리에 어긋나는 법'이라며 보수 기독교인들의 동성애 혐오에 적극적으로 동조하였다. 다층적 차별을 넘어 모든 이들의 평등과 권리를 확장하기 위하여 일해야 할 정치계·교육계·종교계가 이렇게 사회적 소수자들을 향한 차별·배제·증오를 한국사회에 확산하는 데 앞장서고 있는 현실이다.

2014년 2월 4일, 텍사스크리스천대학교 4학년 학생인 23세의 스튜어트 트리시Stewart Trese가 대학 근처 자신의 아파트에서 여러 곳을 칼에 찔려 끔찍한 죽임을 당했다. 그가 살해를 당한 이유는 단 하나, 동성애자라는 사실이었다. 23세의 한 젊은 이가 지니고 있었던 찬란한 미래를 향한 희망찬 꿈들이 그의 성정체성 때문에 산산이 부서진 것이다. 트리시를 죽인 사람은 평소에 교회에서 트리시와 자원봉사를 함께하면서 알고 지내던 23세의 데이비드 히달고David Hidalgo였다. 그는 자신이 지닌 '게이 패닉gay panic'으로 자신도 모르게 트리시에게 적대감을 느끼면서 그를 죽이게 되었다고 했단다. 그런데 분명한 것은, 많은 이들에게 이러한 '게이 패닉'이 있다는 것이다.

동성애적 성향을 가진 사람들에게 느끼는 혐오와 패닉의 내면에는 성적 지향에 대한 무지와 몰이해가 깊숙이 자리 잡고 있다. 성적 지향은 한 사람이 스스로 선택하거나 선호한 것이 아니라 태어날 때부터 지닌 지향orientation이라는 사실을 인정하지 못하는 것이다. 그럴 때 사람들은 성소수자들이 신이 내려준 '자연의 질서'를 거스르는 '타락한 죄인'이며 사회를 오염시키는 이들이라고 믿게 된다.

인간의 역사는 '누가, 그리고 무엇을 자연적인 것으로 규정하는가'의 역사이기도 하다. 정상과 비정상이 나뉘고, '비정상적'이고 '비자연적'인 행위를 하는 사람들을 향한 혐오와 폭력이 정당화된다. 성적 지향에 대한 몰이해와 무지 때문에 성소수자들은 인권의 사각지대에서 다양한 폭력의 희생자가 되고 있는 것이다. 흔히 성소수자 혐오는 다음과 같은 세 가지 이유로 정당화되곤 한다.

첫째, 성소수자는 자연의 법칙 또는 신의 질서를 거스르는 비정상적인 존재라는 것이다. 그런데 정상·비정상이란 시대와 문화에 따라서 변하는 것이며, 고정불변의 절대적인 것이 아니다. 예를 들어 한국사회에서는 현재 비정상으로 간주되는 일부다처제가 여러 나라에서는 여전히 정상적인 것이다. 성소수자 혐오에 앞장서고 있는 일부 보수 기독교인들이 혐오의 근거로 삼고 있는 성서 역시 곳곳에서 일부다처제가 정상으로 등장한다. 절대적이라고 생각되곤 하는 정상·비정상의 범주들은, 많은 경우 한 사회에서 권력을 지닌 주류 집단이 결정해서 관습이나 미풍양속의 이름으로 유지되곤 한다. 불변하는 정상·비정상은 단 하나다. 자신과 다른 다양한 사람들의 평등성과 권리 존중이야말로 '절대적 정상'이며, 반대로 그들을 혐오하는 것이야말로 '절대적 비정상'이다.

둘째, 성소수자는 사회의 도덕적 순결을 오염시키는 '타락한 존재'라는 이유이다. 그런데 이러한 '순결주의'의 논리는 인종 학살이나 나치의 유대인과 동성애자 말살 정책을 가져왔다. 히틀러는 1933년 발표한 〈청소년 교육칙령〉에서 "기독교의 진리로 젊은이들을 교육시키고 이들을 도덕적 오염으로부터 보호하기 위하여 기독교 학교들을 설립하고 모든 교육과정에 기독교의 근본을 가르치도록 할 것"이라고 공식적으로 발표하였다. 결국 나치가 동성애자 말살 정책을 펼 때 등장한 것이 '도덕적 순결성'과 '기독교 정신'이었다. 그러면서 동성애자로 의심되는 독일 남성들을 무차별적으로 체포하여 사살하거나 가스실에서 죽였다. 표면적으로는 도덕적 순결성과 진리의 이름으로 동성애자 살상을 정당화하였다. 그러나 실질적으로는 동성애를 인종 번식의 측면에서 평가했다. 독일인 게이들을 독일의 출산 잠재성을 감소시키는 '인종적 위험'으로 간주하고 말살시키고자 한 반면, 레즈비언들이나 비독일인 게이들은 박해 대상이 되지 않았다. 그런 나치가 내세웠던 표면적 논리를 지금도 여전히 성소수자 혐오를 하는 이들이 유사하게 사용하고 있는 것이다.

셋째, 성소수자들은 자신의 성적 정체성을 선택한다는 이유이다. 그런데 '미국 정신의학회APA'는 복합적인 연구 후에 동성애를 포함하여 양성애·무성애 등을 정신적 장애나 질병으로 보는 것이 오류였다는 결론을 내리고, 동성애가 '질병'이 아닌 '지향'이라는 것을 1973년에 공식화하였다. 성적 정체성이 선택이 아니라 타고난 지향이라는 이해는 정신의학에서만이 아니라 사회 전반에 걸쳐 다양한 제도적·인식론적인 변화를 가져왔다. 아일랜드에서는 지난 2015년 5월 22일 국민투표로 동성 간의 결혼을 합법화하였다. 또 이미 2001년 네덜란드를 시작으로 현재 약 20여 개의 나라가 동성 간의 결혼을 합법화하고 있다. 이제 성소수자를 종교 지도자로 인정하는 기독교회들도 점점 늘어가고 있으며, 그들의 평등과 권리가 제도적으로 확장되고 있다.

그런데 이러한 사회·정치·종교적 제도의 변화에도 여전히 성소수자들의 자살률은 증가하고 있다. 미국 보건복지부에서 2012년에 발표한 통계를 보면, 이성애자 성인들 중 5퍼센트가 자살 시도를 한 반면 성소수자 성인들 가운데서는 12~19퍼센트나 됐다. 또한 이성애자 청소년들의 자살률은 8~10퍼센트지만 성소수자 청소년들의 자살률은 30퍼센트에 이르고 있었다. 만약 성정체성이 선택이라면 누가 극심한 혐오의 대상이 되는 선택을 스스로 하겠는가.

성숙한 민주사회는 다양한 소수자들의 인권과 평등성이 존중되는 사회이다. 성소수자들의 성정체성은 선택이 아닌 지향이며, 그들은 정상적인 인간이다. 도덕적 순결성, 관습과 전통, 또는 종교의 이름으로 이루어지는 성소수자를 향한 혐오와 폭력, 그것은 '인류에 대한 범죄'이다.

이성애 중심 사회를
넘어서

현대사회에서 가장 격한 공론의 주제가 되는 것 중의 하나가 있다면 그것은 인간의 섹슈얼리티 다양성에 관한 것이다. '성적 지향sexual orientation'이라는 개념의 등장은, 인간이 이성애라고 하는 하나의 방식으로만 섹슈얼리티를 접근하던 전통적 이해 방식에 근원적으로 도전하는 것이었다. 이 문제는 단지 인간이 지닌 성적인 문제만이 아니라 인간 현실 세계의 모든 측면과 연결되는 것이기에 그 논란이 끊이지 않고 계속되고 있다. 가족제도·결혼·종교·법·교육 등과 같은 커다란 분야는 물론, 연금이나 건강보험 혜택 등 갖가지 매우 구체적인 현실 생활과도 연계되어 있기에 참으로 중요한 주제이다.

미국에서 선거가 있을 때마다 정치가들은 동성애와 인공

유산에 어떤 입장을 취하는가에 따라서 양편으로 나뉜다. 한국에서도 퀴어 축제나 성소수자 문제와 관련된 공적 행사에는 언제나 노골적으로 성소수자 혐오를 드러내는 이들의 격렬한 반대 시위가 벌어지곤 한다. 그런데 성적 지향에 관한 다양한 이해의 근저에 자리 잡고 있는 것은, 이성애·동성애·양성애라고 하는 구체적인 지향 자체라기보다 다양한 권력 담론이다. 정상/비정상이라는 이분법적 사유 방식은 언제나 우월/열등 또는 선/악의 경계를 양산하면서 그 경계를 강화하고 지켜내려는 이들, 즉 사회의 중심에 있는 이들이 재생산하고 있으며, 그들이 혐오를 강화하고 있다.

인류의 역사를 되돌아보면 절대적인 의미에서 '정상' 또는 '비정상'이라고 생각하던 것들이 한참 시간이 흐른 뒤 왜곡되고 제한된 주장이었다는 것을 보여주는 사례가 참으로 많다. 일례로 미국의 여성운동사를 보면 여성들이 자전거를 타는 것, 공공장소에서 설교하는 것, 또는 여성들이 법학·의학·신학을 공부하는 것을 비정상으로 간주하였던 시기가 있다. 특히 법학·의학·신학은 인간의 생명을 다루는 분야이기에 성숙한 사람만이 해야 한다고 생각되었다. 법을 제정하고 담론을 생산하는 남성들은 여성을 영원히 미성숙한 존재라고 간주했기에 이러한 규정을 사회와 가정을 정상으로 지켜내는 정의로운 것이라 생각했다. 또 미국에서 인종이 다른 사람끼리의 결혼이 비정상으로 간주되었다가 합법으로 바뀐 것이 1967년이다. 전통적으로 사람들이 나누는 정상과 비정상의 규정은 이렇듯 절대적 근거에 기초하지 않으며, 대부분 왜곡된 이해에 근거할 뿐이다.

여전히 정상/비정상 담론에 따라 이성애가 아닌 성적 지향을 지닌 사람들을 향한 혐오와 현대판 마녀화형이 자행되고 있다. 종교적 화형·사회적 화형·도덕적 화형·법적 화형을 통해서 이성애자가 아닌 사람들은 혐오·배제·억압의 대상이 되고 있는 것이다. 물리적 화형만이 화형이 아니다. 성소수자를 향한 혐오와 법적·종교적·사회적 차별은 그들에게 제도적·심리적·관계적 죽임을 가하는 것과 같기 때문이다. 퀴어 축제가 열릴 때마다 이러한 화형은 야만적으로 노골화되곤 한다.

2015년 6월 신촌에서 퀴어 축제가 열리고 있는 시간에 미국대사관 앞에서는 '건강한 사회를 위한 국민연대'라는 단체가 항의 집회를 했다. 그들은 미국대사관이 퀴어 축제를 적극적으로 지원했다며 성명서를 통해서 다음과 같이 항의했다. "대한민국은 현재 깊은 상처와 아픔을 치유하는 과정 가운데 있는데, 모두 자중자애하는 이때 주한 미국대사관은 소수 개인의 성적 취향을 위해 인권 운운하면서 퀴어 축제에 동참한다니 아연실색하지 않을 수 없다. (…) 주한 미국 대사관의 이러한 행위에 대해서 강력하게 규탄한다. 미국이 최근 동성결혼 합법화 확대 등 친동성애 정책을 펼치면서 많은 문제점을 일으키고 있는데, 이제는 미국뿐 아니라 한국에서까지 동성애를 확산시키려고 하는가."

이들은 미국과 한국의 상황이 엄연히 다르다고 하면서 "미국이 진정한 우리의 파트너라면 한국의 문화를 존중해줘야 한다"라며 미국대사관은 퀴어 축제 참가 및 지원을 당장 중지하고, "미국대사관의 횡포를 오바마 대통령은 한국에 사과하라"라는 요청을 했다. 이들의 주장을 발췌하여 그대로 옮긴 이유는 이 주장을 이들만 하는 것이 아니라 성소수자를 비정상이라고 보는 사람들 대부분이 하는 것이기 때문이다. 이 주장에는 커다란 오류가 있다.

첫째, 인간의 섹슈얼리티는 단지 개인 선호에 따라서 선택하는 취향이 아니라, 태어날 때부터 지닌 지향이다. 1973년 '미국 정신의학회'에서 밝힌 의학적인 연구 결과이다. 그런데 여전히 이렇게 여전히 취향이라고 보는 것은 의학적인 무지나 왜곡된 이해에 근거한다. 이성애가 규범적이고 정상적이라는 이해가 지배적인 사회에서 동성애자로서 살아간다는 것은, 다양한 고통·아픔·배제를 경험하는 삶을 살아가야 한다는 뜻이다. 누가, 그리고 왜 이러한 고통스러운 삶을 스스로 선택하겠는가. 성소수자로 사는 삶이 주는 고통이 너무나 심해서 자살을 하거나 혐오 범죄의 희생자로 죽임을 당한 경우들이 세계 곳곳에 많다. 이러한 고통스러운 삶을 선택했다거나 치유되어야 할 질병에 걸린 것으로 보는 것은 한 인간의 절절한 삶의 문제를 외면하고 왜곡하는 것이다.

둘째, 성소수자 혐오는 인권에 관한 문제이다. 성적 지향이 개인의 선택이나 취향의 문제가 아니라고 하는 것은, 모든 인간은 자신의 성적 지향과 상관없이 인간으로서의 사회정치적·종교적·법적 권리를 다른 이들과 동일하게 보장받아야 함을 의미한다. 즉, 성수소자 문제는 확장해야 할 인권에 관한 문제라는 것이다.

셋째, 성소수자 혐오는 우리가 지켜가야 할 한국의 문화가 아니다. 인권의 문제를 문화의 문제로 전이시키는 것은 역사 속에서 문화적 알리바이로 사용되어왔다. 문화의 이름으로 갖가지 여성이나 하층민 차별과 억압이 정당화되고 지속되어왔다는 것이다. 예를 들어 여성들이 공적 영역에서 일하고자 할 때, 그것이 '서양 문화'에서 온 것이며 '한국 문화'에서는 남편과 아이들을 돌보는 것이 우선이라고 하면서 한국 문화가 여성의 공적 활동을 부차적인 것으로 간주하는 근거로 쓰였다. 또 아이들이 어른들의 말을 무조건 따르지 않고 '왜'라고 물을 때, 아이들은 어른에게 순종해야 하는 한국의 전통과 문화를 모르는 버릇없는 아이로 치부된다. 한 아이의 인격과 인권의 문제가 한국의 '문화'라는 이름으로 외면되는 것이다. 아프리카의 기독교 지도자들은 성소수자를 인정하는 것은 '서구 문화'의 영향이며, '아프리카 문화'에 어긋나는 것이라는 입장 발표를 하기도 한다. 이러한 다양한 차원의 차별적 문화 또는 혐오적 문화는 전승해야 할 것이 아니라 파기해야 하는 것이다.

그렇다면 '건강한 사회를 위한 국민연대'라는 단체의 이름이 가리키는 '건강한 사회'란 과연 어떤 사회여야 하는가. 건강한 사회는 모든 인간의 권리와 평등을 확장하는 사회이다. 사회 구성원들의 다양한 성적 지향을 포용하지 않고 자신과 다른 이들을 혐오하고 그들의 인권을 짓밟는 것은 심각하게 병든 사회를 만든다. 사회에 속한 구성원들의 사회적 지위·성별·인종·종교·성적 지향 등과 상관없이 모든 사람들의 인간으로서의 권리와 평등이 존중되고 보호받는 사회가 바로 우리가 지향해야 할 '건강한 사회'의 지표이다. 이제 우리가 친밀성의 관계에 있는 이들에게 물어야 할 질문은 '이성애인가 동성애인가'가 아니다. 그보다는 그 관계가 '평등하고 평화적인가, 아니면 폭력적이고 위계적인가'하는 것이다. 오직 절실하게 필요한 것은, 이성애든 동성애든 양성애든 두 사람의 관계가 폭력적이고 불평등하다면 그 지점을 비판하고 개혁해서 평등·평화·정의가 존재하는 사랑의 관계가 될 수 있도록 연대하는 것이다.

아이는 어른의
식민지가 아니다

한 초등학생이 쓴 〈학원가기 싫은 날〉이라는 시가 '잔혹 동시'라는 라벨이 붙여진 채 한국사회의 검열에 걸린 바 있다. 학원에 가고 싶지 않은 마음을 표현한 시에서 '아이답지' 않은 과격하고 잔혹한 표현을 썼다는 것이다. 2015년 《솔로 강아지》라는 제목으로 발간된 시집에 포함된 이 시 때문에 온라인상에서는 논란이 확대되었고, 그 부정적인 여론에 못 이겨 출판사는 결국 전량을 회수하여 폐기하기로 하고 사과문을 발표했다. 그 시인의 나이는 10세이다. 단지 생물학적 나이가 많다는 이유로 아이를 함부로 할 수 있다고 여기며 자신이 생각하는 '정상적 아이'의 틀 속에 집어넣고자 하는 어른들의 모습은 통제사회의 단면을 보여줬다.

이 '잔혹 동시'라는 라벨을 누가 어떠한 근거에서 붙였는지 모른다. 그러나 이러한 라벨 붙이기는 그 자체로 매우 폭력적이다. 그 한 편의 시만 비난하는 것이 아니라 시를 쓴 이에게 '너는 잔혹하고 비정상'이라는 정죄적 판단을 내리고 그것을 이미 돌이킬 수 없는 사실로 확정하기 때문이다. '아이가 아이답지 않다'는 이유로 정죄하는 어른들 때문에 시인이 자신의 책이 모두 회수되고 폐기되는 것을 목도하게 만드는 상황은, 그 아이의 시에 나타난 표현보다 훨씬 더 잔혹하고 폭력적이다. 물리적 폭력을 입어 생긴 상처처럼 피가 나지는 않았지만 그보다 훨씬 깊은 정신적·심리적·사회적 상처를 받았을 가능성이 있다. 그것도 주변의 몇 사람이 아니라 한국사회 전체의 이름으로 10세 시인 인간의 내면세계에 깊은 상처를 준 것이다. 그와 동시에 '잔혹 동시'라는 라벨은, 한국사회에서 '시적 상상력'으로 자신들이 겪고 있는 '비정상적인' 삶을 넘어 자신만의 내면세계를 꾸며감으로써 숨 쉴 공간을 가까스로 만들어내고 있던 아이들의 시도가 어른들과 사회의 '검증'을 통과해야만 한다는 강력한 폭력적 메시지와 같다.

우리가 규정하는 정상과 비정상의 기준들이 어떻게 형성되는지 근원적으로 조명해보아야 한다. 즐겁게 놀 시간도 박탈당한 채 학교로 학원으로 과외로 하루를 모두 채워야 하는, 이미 비정상인 숨 막히는 한국사회의 삶 속에서 아이들이 숨 쉴 수 있는 곳은 어디인가. 아이들은 어릴 때부터 사적 공간과 공적 공간에서 어른들이 만들어낸 잔혹한 교육제도와 갖가지 통제와 규율 속에서 버티며 살아가고 있다. 만약 아이들을 여러 규율로 혹독하게 통제하는 것의 세계 순위를 매긴다면 한국은 아마 최상위 그룹에 들어갈 것이다. 이미 지독히 '비정상적인 세계' 속에서 살아가게 해놓고서 '너무 아프다'고 시로서 표현하는 10세 인간에게 '잔혹 동시'를 지었다며 정죄하면서 '아이답지 않다'고 꾸짖는다.

한 아이가 초등학교에서 '우리 학교'라는 주제로 그림을 그리게 되었다. 그 아이는 학교를 감옥으로 그렸다. 도화지 전체에 창살이 있고, 그 창살 안에 아이들이 그림자처럼 들어가 있는 그림이었다. 그 아이가 경험하고 있는 학교는 바로 감옥과 같은 것이었기 때문이다. 제출한 그림을 본 담임교사는 그 아이에게 방과 후에 남으라고 했고, '우리 학교'를 다시 그리라고 했다. 학교를 그렇게 감옥처럼 그리는 것은 비정상적이고 '못된' 생각이라고 야단을 치면서 말이다. 그 아이는 집에 빨리 가고 싶은 생각에 선생님이 원하는 대로 '예쁜 학교' 그림을 다시 그려 제출했다. 그 다음부터 그 아이에게 무슨 일이 있었을까. 그 아이는 미술 시간에는 늘 '예쁜' 그림만 그리고, 매일 검열받는 일기장에는 '착한' 말만 써서 선생님께 '참 잘했어요' 도장을 받기 시작했다. 그러면서 그 아이는 겉으로 드러내는 '보이는 자기'와 속으로 자신만이 느끼는 '안 보이는 자기' 사이의 거리가 점점 커지며, 마음 속 깊은 절망의 무게를 견디어내야 했다. '예쁜' 그림을 그리고 '착한' 글을 쓰면 '착한 아이'라고 칭찬받지만, 어른들이 만든 규율에서 조금만이라도 벗어나면 '못되고 잔혹한 비정상적 아이'라고 꾸지람하고 몰아치는 사회에서 누가 어떻게 깊숙이 멍들어가는 무수한 아이들의 삶을 책임질 것인가.

시란 언제나 사실 세계 너머의 세계를 그린다. 시를 단순한 '사실'로 읽고 해석하는 것은 시를 전적으로 왜곡하는 것이다. 시는 정물화가 아니라 추상화이다. 시를 사실적으로만 보려고 하는 것은 추상화와 정물화를 혼동하면서 왜곡된 해석을 하는 것과 같다. 시를 읽을 때, 추상화를 감상할 때처럼 다층적 상상력이 필요한 이유이다. 시의 저자가 생물학적으로 아이라고 해서 모든 어른이 그 시적 세계를 완전히 파악할 수 있다고 생각하는 것은 오류이다. 또한 마치 자명한 사실을 확보한 것처럼 시를 통제하고 '잔혹 동시'라는 '비정상의 표지'를 붙이는 것은 생물학적 어른들이 생물학적 아이들을 식민화하는 것이다.

어른들의 마음을 심히 불편하게 한, 또는 다른 아이들이 읽고서 나쁜 영향을 받을 수 있다고 간주되는 '잔혹 동시' 한 편이 들어가 있다며 이미 출판된 책을 전량 회수하고 폐기하도록 한 사건은, 획일성을 강요하는 통제사회의 민낯을 그대로 드러냈다. 아이도 어른과 마찬가지로 다층적 욕구와 상충적 성향을 모두 지니고 있는 '인간'이다. 어른들이 '아이는 순수해야 한다'는 표상을 절대화하면서 정작 그 아이들도 어른들과 마찬가지로 그 모습 전부를 존중받아야 할 엄연한 인간임을 외면하고 있다. 그러는 사이 아이의 인권은 철저하게 외면되고 있으며, 아이들이 인간으로서의 권리를 누리지 못하고 있다는 사실조차 감지되지 못하고 있다.

시인이 나이가 적든 많든 시를 쓰는 이들의 시적 상상의 세계, 사실 너머의 세계를 사실적 규율과 기준으로 검열하고 통제하는 행위는, 인간이 척박한 삶 한가운데서도 예술로 창출해온 풍성한 인간의 내면세계를 함부로 짓밟는 폭력사회·통제사회를 만든다. 이 점에서 '잔혹 동시' 사건은 한 개인의 사건만이 아니며, 한국사회가 지닌 고질적인 병을 그대로 드러냈다. 이런 사회에서 감수성이 예민하고 상상력이 풍부한 아이 시인들은 어른들의 통제와 규율의 잣대로 '착하고 정상적인 아이'로 자신을 연출하기 위해서 자신이 진정으로 느끼는 내적 감정과 경험들을 애써 외면하도록 길들여지게 된다. 상상의 세계를 차단하면서 '예쁜 그림'과 '착한 시'를 만들어내는 삶을 연습하든가, 아니면 그 숨 막힘을 견디지 못해 스스로 자신에게 상처를 주는 고통스러운 삶을 살아가야 하는 것이다.

단지 어른이라는 이유로 아이들의 시적 상상력까지 통제하고 억누르는 어른들, 아이들도 다양한 욕구와 개성을 지닌 존재임을 부정하는 어른들, 그래서 자신들이 만들어놓은 틀 속으로 그 아이들을 집어넣으려는 어른들. 이러한 어른들에 의해 '아이의 식민화'는 다양한 얼굴로 지금도 한국의 가정·학교·사회에서 끊임없이 벌어지고 있다.

'헬명절'을 넘어 '존재들의 향연'으로

한국에서 극도의 절망감을 느끼는 이들, 그리고 '비정상' 또는 '실패자'라는 표지가 붙는 것이 일상이 되어버린 이들이 한국을 '헬조선'이라고 부른다고 한다. 최근 한 텔레비전 방송사가 진행한 설문 조사 발표에 따르면, 설문 응답자 2만 1,000명 중 88퍼센트가 이민을 생각해본 적이 있다고 했다. 90퍼센트가 2040세대인 이들 응답자를 포함하여 많은 이들이 추석이나 설 같은 명절을 점점 '헬명절'로 경험할 수도 있다는 염려는 기우일까.

명절은 단순히 즐겁기만 한 날이 아니다. 다층적인 정치적 시간과 공간들이 만들어지는 정치적 사건이기도 하다. 여기에서 '정치적'이라는 말은 다양한 방식으로 권력이 개입되고 작동한다는 의미이다. 명절이 만들어내는 공간들에서 다양한 권력 기제에 의해 관계의 위계주의가 작동할 뿐 아니라 정상/비정상의 가치 체제들, 남성중심주의와 이성애중심주의 등의 가치가 활성화되고 재생산된다.

"더도 말고 덜도 말고 한가위만 같아라"라는 말과 함께 온 가족이 모여 환한 보름달을 즐기며 송편을 빚고 화기애애하게 음식과 웃음을 나누는 추석의 낭만적 이미지는, 한국에서 자란 사람들에게 지울 수 없이 각인되어 있다. 텔레비전의 다양한 특집 프로그램은 이러한 '명절의 낭만화'에 결정적인 기여를 하곤 한다. 명절은 사방에 흩어져 살던 가족들이 한자리에 모여서 '어머니의 음식'을 먹고, 아이들이 즐겁게 뛰어놀고, 자식들이 부모를 향한 '효'를 재확인하는 자리로 표상된다. 이렇게 낭만화된 추석 이미지에 누가 감히 반기를 들 것인가.

이렇게 특정한 절기나 사건의 낭만화는 심각한 문제점과 위험성을 담고 있다. 언제나 '밝은 면'만을 과대 포장하여 드러낼 뿐, '어두운 면'은 외면하기 때문이다. 명절마다 다양한 형태의 위계주의, 정상/비정상 또는 성공/실패 담론, 그리고 고정된 성 역할 분담이 재생산된다. 그래서 명절에 모인 이들 중에는 위로와 기쁨이 아닌 소외와 고통을 경험한 뒤, 자신들의 어두운 경험들을 드러내지는 못하고 깊숙이 억눌러버리면서 몸과 마음의 병을 얻는 이들이 의외로 많다. '명절의 낭만화'가 가리고 있는 명절 이면의 어두운 그림자들에 우리가 진지하게 관심 가져야 하는 이유이다. 그 어두운 그림자로는 다음과 같은 것들이 있다.

첫째, 명절은 가부장제적 남성중심주의가 재생산되고 자연화naturalization되는 시간이다. 자연화된다는 것은 자연 세계의 원리처럼 자명하여 '왜'라는 물음표를 붙일 수 없다고 생각되는 것이다. 남성이 모든 것의 중심이 되는 가부장제적 관습은, 명절을 즐기는 데 필요한 엄청난 양의 가사 노동이 여성들에게만 할당되는 것을 당연하게 만든다. 남성들은 거실에서, 여성들은 부엌에서 온종일 보내는 그림은 명절의 익숙한 모습이다. 그뿐인가. 대화의 주제와 방향, 놀이의 주체와 종류, 제사와 같은 예식의 주체와 객체 등 명절을 전후하여 벌어지는 갖가지 일들이 남성중심적으로 전개된다. '남성은 주체, 여성은 객체'라는 전형적인 가부장제적 프레임이 재현되는 것이다. 명절을 전후해서 여성들이 중층의 가사 노동은 물론 다중적 소외와 배제의 경험으로 지쳐 몸과 마음에 병을 얻는, '명절 증후군'이라는 독특한 현상이 한국사회에 등장한 지 오래되었다. 그러나 명절마다 '즐기는 남성/괴로운 여성'이라는 현실은 반복된다.

둘째, 명절은 사회가 규정한 정상/비정상 또는 성공/실패의 기준들이 재생산되는 날이다. 예를 들어 이성애 가족·양부모 가족·유자녀 가족·정규직 취업자·결혼한 사람은 '정상'이다. 반면 동성애 가족·한 부모 가족·무자녀 가족·비정규직·미취업자·비혼자는 '비정상'의 부류에 속하게 된다. 이렇듯 소위 정상과 비정상의 위계가 세워지면서 '정상'인 사람들이 '비정상'의 표지가 붙은 사람들을 비난하고, 정죄하고, 더 나아가서 그들에게 '실패자'라는 표지를 붙인다. 결국 '비정상' 또는 '실패자'라는 표지가 붙여진 이들에게 명절이란 고문처럼 고통스러운 '헬명절'일 수밖에 없다.

셋째, 낭만화된 명절은 자본주의적 상업주의와 긴밀하게 연결되어 있다. 선물 보따리를 한 아름 사서 고향으로 돌아가는 자식들의 이미지가 미디어로 퍼진다. 자식의 '효'의 정도가 그들이 들고 가는 보이는 선물로서 증명되어야 한다. 또한 명절을 전후한 다양한 자선 프로그램은 고아원의 아이들, 양로원의 노인들, 거리의 노숙인들 같은 사회적으로 소외된 주변부인들을 향한 동정과 자선을 일회성 소비품으로 만든다. 장기적으로 지속 가능한 제도적 보장에 대한 관심이 아니라 일회성 동정과 자선으로 채워지는 상업화된 명절은, 표면적 웃음 뒤에 어둡게 드리워진 그림자들을 드러내지 않는다.

명절에 모여서 '웃어른들'이 '아랫사람들'에게 건네는 '공부 잘해라', '결혼해라', '좋은 데 취직해라', '아기를 낳아라', '살을 빼라' 등의 말들은, '덕담'이라는 이름으로 한국사회가 지니고 있는 정상/비정상 또는 성공/실패의 담론들을 재생산하고 강화한다. 한 부모 가족·무자녀 가족·동성애 가족·비혼자들·비정규직·미취업의 사람들에게 '비정상의 표지', '실패자의 표지'를 붙이고 확인하는 일이 명절마다 벌어진다면, 명절을 지낼 때마다 마음속은 지독한 상처와 고통에 시달리면서도 명절이기에 겉으로는 웃음을 띠고 있어야 한다면, 명절은 소수 때문에 무수한 다수가 소외·차별·박탈감에 시달리는 고통스러운 시간으로서의 '헬명절'이 된다. '헬명절'을 맞이하지 않기 위해서는 우선 정상과 비정상, 성공과 실패의 개념을 근원적으로 재구성해야 한다. 진정한 명절이란, 명절을 함께 지내는 모든 이들이 극심한 어려움과 문제들 한가운데서도 '존재하고 있는 것'만으로 서로로부터 인정받고, 축하받고, 격려받는 '존재함의 온기'를 가슴 깊숙이 경험하게 되는 날일 것이다.

한국의 대표적 명절인 한가위의 가장 중요한 상징 가운데 하나는 보름달이다. 보름달이 지닌 상징적 의미는 누구나 있는 그대로 끌어안는 '무조건적 포용', 그리고 어디에나 누구에게나 그 환한 빛을 내리고 있는 '무조건적 평등'이다. 어떤 종류의 차별도 하지 않고 지구 위에 있는 모든 존재에게 그 아름다운 빛을 선사한다는 것이다. 이 보름달을 닮은 명절을 나는 꿈꾼다. 정상/비정상 또는 성공/실패의 갖가지 잣대들이 사라지는 명절, 모인 사람들 개개인의 존재 그 자체를 있는 그대로 받아들이고 따스하게 품는 명절, 무거운 가사 노동의 짐을 가족 구성원 모두가 나눔으로써 그것이 '노동'이 아닌 '놀이'로 전이되는 특별한 경험을 하는 명절, 서로 함께함 자체가 그 무엇으로도 대체할 수 없는 가장 소중한 선물이 되는 명절. 이러한 '존재들의 향연'으로서의 명절을 나는 꿈꾼다.

스마트폰과 어떤
결혼 생활을 할 것인가

한국의 스마트폰 보급률은 2015년 3월 기준 83퍼센트로 전 세계 4위라고 한다. 버스나 전철 같은 대중교통은 물론 카페·음식점 등 모든 공공장소에서 스마트폰에 몰두하고 있는 사람들을 보는 것은 어렵지 않은 일이다. 2012년에 나온 한 연구 자료에 의하면 2025년경에는 지구상에서 5억 이상의 사람들이 현재 스마트폰보다 탁월한, 상상을 뛰어넘는 고성능의 스마트폰을 소지하게 될 것이라고 한다.

이런 스마트폰 사용자 확대 경향에 따라 '스마트폰 중독'이라는 표현은 오래전에 등장하였고, 여남소노가 시간과 장소를 막론하고 스마트폰에 밀착되어 함께 생활하는 것은 부정할 수 없는 현실이 되었다. 스마트폰을 24시간 자신의 곁에 두고 있는 사람들이 기하급수적으로 증가하면서 이제 '스마트폰과의 결혼'이라는 말까지 등장하고 있다. 스마트폰이 직장·학교·침실은 물론 화장실에까지 동행하는 고도의 친밀성을 나누는 파트너가 된 것이다. 그렇다면 이러한 '스마트폰과의 결혼'을 어떻게 보아야 할까. 내가 이 문제에 관심을 가지게 된 계기는 나의 학생 한 사람이었다.

어느 날, 대학원 강의 시간에 A라는 학생이 발제하기 위하여 앞으로 나왔다. 그런데 A는 노트북 컴퓨터나 프린트한 발제물도 없이 빈손으로 나오는 것이 아닌가. 나는 '저렇게 무책임하게 아무 준비 없이 발제를 하려고 하다니'라고 못마땅하게 생각하며 그를 지켜보았다. 그런데 A는 스마트폰을 꺼내더니 그것을 보면서 발제를 하기 시작했다. 광범위한 리서치와 치밀한 독서로 복합적이고 비판적인 해석을 제시하고, 주제가 담고 있는 의미와 딜레마는 물론 남은 과제까지 제시한 그의 발제는, '준비 안 된 발제'일 것이라는 나의 예상을 정면으로 빗겨나갔다. A가 제대로 준비를 하지 않은 것으로 보였던 것은, 나의 아날로그적 기준들에 그의 행동이 들어맞지 않았기 때문이라는 것을 나는 이내 알아차렸다.

후에 나는 A로부터 그의 '스마트폰 철학'을 듣게 되었다. 그는 발제물을 프린트하는 데 드는 종이로 나무들을 희생시키고 싶지 않아서 스마트폰을 들고 발제를 한다고 한다. 또한 수업 교재도 전자책이 있을 경우 그것을 구매하여 스마트폰에 넣고 다닌다. 종이책보다 값도 저렴할 뿐 아니라 생태적으로도 훨씬 지속 가능한 방식이기 때문이다. A의 스마트폰에는 수업 교재는 물론 다양한 장르의 전자책들이 상당수 저장되어 있어서, 스마트폰은 언제나 원하는 책을 읽을 수 있는 '이동 도서관'이며 글을 쓸 수 있는 '이동 서재'이다. 나는 그의 스마트폰 철학을 들으며, 스마트폰이 지배하는 이 현실에서 내가 가져왔던 아날로그적 편견들을 상당 부분 수정해야 한다는 생각을 하기 시작했다.

버스나 전철, 또는 카페에서 스마트폰을 들여다보고 무엇인가를 읽는 이들이 종이책을 들고 있지 않다고 해서 '진짜 독서'는 하고 있지 않다고 생각하는 것은 편견일 수 있다. 나의 학생 A처럼 스마트폰 속에 이동 도서관을 가지고 다니면서 훨씬 더 효율적인 독서를 하고 있거나 웹사이트로 다양한 다른 세계와 자신을 연결하면서 자신의 시간과 공간을 효율적으로 보내고 있을 수도 있다. 이 점에서 '스마트폰 독서=저급 문화', '종이책 독서=고급 문화'를 연결하는 것은 여전히 고급 문화/저급 문화의 범주를 이분법적으로 위계화시키는 근대적 강박일 수도 있다.

'스마트폰과의 결혼'에 관하여 다양한 분야의 이론가들이 나름대로 찬반론을 제시하고 있다. 그런데 단순한 찬반론보다도 중요한 것이 있다. 결혼의 성공 또는 실패 여부는 바로 이 결혼의 능동적 주체인 '나'에게 달려 있다는 것이다. 그렇다면 나는 어떠한 철학으로 스마트폰과의 결혼 생활을 할 것인가.

교육 현장에서 스마트폰의 창조적 차용을 다룬 최근 연구에 따르면, 학생들이 독서를 하는 데 가장 걸림돌이 되는 것은 모르는 단어와 개념이라고 한다. 책을 읽을 때 이해하지 못하는 단어나 개념들이 많이 나오면 독서에 집중하지 못하거나 흥미를 느끼지 못한다는 것이다. 그런데 스마트폰을 교실에서 사용하게 하니까 종이책을 읽는 경우에도 학생들이 스마트폰 속에 있는 사전이나 백과사전, 또는 풍부한 인터넷 자료들을 활용해서 즉각적으로 어려운 단어나 개념들을 찾아 이해하기에 스마트폰을 적극적으로 활용하는 것이 교육에 훨씬 도움이 된다고 한다. 이러한 연구 결과에 따른 결론이 모든 정황에 동일하게 적용되는 것은 아니다. 그러나 아날로그적 교육 방식의 한계를 점검해보아야 한다는 점에서 귀 기울일 만하다.

물론 스마트폰의 적극적 활용 가능성이라는 밝은 면 이면에 자리 잡고 있는 어두운 면 역시 생각하지 않을 수 없다. 스마트폰이 우리 몸에 미치는 의학적·과학적·심리적 영향에 관한 분석은 제외하고라도 이 결혼에서 가장 커다란 어두운 면의 하나는, '홀로'의 시간과 공간을 갖지 못하도록 하는 것이다. 많은 이들이 '카카오톡' 같은 메신저 또는 '페이스북'·'트위터' 등과 같은 SNS와 자신을 24시간 연결하면서 누군가와 언제나 연결된 것 같은 생각을 한다고 한다. 그러나 스마트폰과의 과도한 밀착 때문에 홀로의 시간을 갖지 못한다면, 이 결혼은 파괴적인 관계로 고착될 수밖에 없다. '홀로'의 시간과 공간을 가지는 것은 인간으로서 사유하는 데 필연적인 것이기 때문이다. 고독의 시간이란 자기가 자신을 사유의 세계로 초대하는 공간이다. 사유의 부재는 타자에게 쉽사리 조종당하고 이끌려가는 삶을 살 수밖에 없도록 한다. 누군가와 또는 무엇인가와 결혼하였다고 하여 각자의 고유성이 함몰된 채 언제나 함께 있어야 하는 것이 아니다. 고독의 시간과 공간을 가지지 못하는 이가 타자와의 '함께함'의 진정한 의미를 이해하기란 참으로 어렵다. 자신과 대면하는 고독의 시간을 통해서 비로소 자신과 타자의 상호 연관성을 분명하게 인식할 수 있기 때문이다.

무수한 이들이 스마트폰과의 결혼 생활을 하는 지금, '함께-따로의 철학'을 실천하고 동시에 스마트폰 속에 이동 도서관이나 이동 서재 같은 창의적인 공간들을 만들어갈 수 있다면, 적어도 그 결혼을 파괴적인 것이 아닌 창의적인 것으로 만들어가게 될 것이다.

우리의 삶이 '게임화'되고 있다. 모든 게임은 어떤 고귀한 정신을 표방한다 해도 승자와 패자를 가려내는 것이 그 작동 방식이다. 게임에서 승자가 된 사람들은 열광적 환호와 함께 보상을 받는다. 반면 패자들은 좌절을 온몸에 담고서 무대에서 사라진다. 소수의 승자에 열광할수록 다수의 사람은 패자로서의 좌절감을 각인하는 사회가 된다. 올림픽 경기를 보자. 올림픽 경기의 정신은 '인류의 일치'이다. 그러나 현실 속의 올림픽 경기는 스스로 그 숭고한 정신을 배반한다. 올림픽은 선진국과 후진국, 개발국과 개발도상국, 자본과 경쟁, 그에 따른 승자와 패자들을 양산하면서 '인류의 불일치'라는 현실을 고착시키는 세계적 게임이 되어버렸다. 2016년 3월 9일부터 15일까지 각종 미디어로 생방송 중계되었던 이세돌과 알파고 바둑 대전을 향했던 전 국민적 열광이 우려되었던 이유이다.

당시 한국의 텔레비전 뉴스·신문·SNS는 이 바둑 대전에 관한 것으로 가득 메워지고 있었다. 이세돌이 이긴 네 번째 대국이 끝난 시점에 어느 주류 신문 온라인 뉴스의 열 가지 톱뉴스를 살펴보니, 여섯 가지가 이 바둑 대전에 관한 뉴스였다. '세기적 대국' 또는 '인간 승리'라는 거대한 표제어가 사람들의 관심과 열광을 부추기고 있었다. 부모에게 끔찍한 살인을 당한 7세 아이의 죽음도, 다층적 위기 상황에 직면해 있는 한국의 정치 현실도 바둑 대전을 향한 열광을 가라앉히지 못했다. 물론 인간과 그 인간이 만든 인공지능의 바둑 대결은 사람들의 흥미를 충분히 자극할 만한 것인지 모른다. 그렇다고 해도 물음은 남는다. 왜 이 바둑 대전이 전 국민적 관심사로 만들어졌던 것인가. 신문이나 뉴스를 구성하는, 주요 뉴스의 순위를 결정하는 사람들의 정치적·윤리적 의식은 우리 현실의 어느 지점에 놓여 있는 것인가.

물론 '미디어는 단지 현실을 반영하는 것'이라는 변을 내놓을 수 있다. 그러나 미디어의 또 다른 기능은 '현실을 만들어가는 것'이기도 하다. 미디어에는 이러한 이중적 기능 사이에서 긴장을 유지해야 하는 과제가 있다. 인쇄된 신문이든 텔레비전 뉴스든 톱뉴스를 결정하는 과정에는 언제나 결정권을 가진 사람들이 있다. 그렇기에 특정한 뉴스의 중요성이나 사소함을 결정하는 것은 결코 중립적일 수 없다. 결정자의 해석학적 렌즈가 작동하기 때문이다. 특정한 뉴스의 경중을 결정하는 과정이란 언제나 정치적이다. 즉, 그 결정권을 가진 사람들의 권력과 그들의 사회정치적이고 윤리적인 가치관이 개입되는 행위라는 것이다. 이 점에서 "사실이란 없다. 다만 해석이 있을 뿐"이라는 니체의 말은 시사하는 바가 크다.

알파고와 이세돌의 바둑 대전을 향했던 열광 자체보다 더 심각한 문제가 있다. 우리의 일상 세계가 점점 게임화되고 있는데 우리 자신은 그것에 위기의식조차 느끼지 못하고 있다는 점이다. 한국 특유의 입시 제도는 1등급을 맞지 못한 무수한 아이들과 그 가족들을 패자의식 속에서 살아가게 하고 있다. 그뿐인가. 모국어도 아닌 영어를 온 국민이 잘해야 한다는 '언어 게임' 속에서 유치원생은 물론 취업 준비생에 이르기까지 갖가지 영어 테스트에서 고득점을 올리는 게임을 해야 한다. 다양한 게임들이 만들어내는 현상들은 매우 유사하다. 소수의 승자를 향한 환호와 그들에게 주는 물질적 보상을 자연스러운 것으로 만든다. 삶의 게임화는 자본주의의 덕목인 고도의 경쟁을 부추기면서, 우리의 관심을 승자에게만 돌리는 '승자 우월주의'가 지배하는 게임사회의 메커니즘을 끊임없이 재생산한다.

다양한 게임에 열광하는 동안 삶의 게임화가 서서히 이루어지고 있으며, 사람들을 점수와 등급으로 구분해버리는 집단 무의식이 '정상적인 것'으로 자리 잡는다. 승자들에게 던져지는 환호성 뒤에 가려진 패자들의 좌절과 절망하는 모습은 우리의 관심 밖으로 던져진다. 자본의 엄청난 권력이 만들어내는 고도 경쟁사회의 축소판이 바둑 대전, 갖가지 예능 프로그램, 입시 제도, 취업 제도 등에서 재현되고 있다. 알파고와의 바둑 게임이든 갖가지 예능 프로그램들이든 한국사회가 이러한 게임에 열광할 때, 우리 삶을 게임화하는 게임사회로 이행하는 것이다. 어떻게 게임사회로의 이행을 멈추게 할 수 있을지는 알 수 없다. 다만 이러한 갖가지 게임들에 열광하는 것을 자본화하고 부추기는 미디어들로부터 거리를 두면서 그 열광의 힘을 분산시켜야 한다는 것은 분명하다. 게임을 향한 열광이 우리 사회에서 벌어지는 게임에서 패자가 된 사람들을 향한 관심으로 전이되어야 한다.

세월호의 진실은 여전히 미궁 속에 잠겨 있으며, 지금도 어디에선가 부모의 학대로 죽어가고 멍들어가고 있는 아이들이 있다. 숨 막히는 입시 제도 속에서 아이들이 자신을 패자로 생각하면서 웃음이 박탈된 삶을 살아가고 있다. 또 사람들의 지독한 편견과 제도적 무관심으로 음지에서 더욱 병들어가는 장애인들이 힘겨운 삶을 살아가고 있다. 그뿐인가. 성별·학력·성적 지향·직업·종교 등 여러 가지 근거로 갖가지 차별과 폭력을 경험하고 있는 사회의 주변인들은, 이 게임사회에서 영원한 패자로서의 삶을 살아가고 있다. 그토록 막아보려 했던 역사교과서 국정화와 '테러방지법'의 통과는, 다수의 사람이 그 권력 게임에서의 패자로서 살아감을 운명처럼 자연화한다. 결국 우리 삶은 하나의 게임처럼 승자와 패자로만 나누어질 뿐이며, 패자들은 음지에서만 존재할 뿐이라는 정치적 패배주의 속에 가라앉게 하는 것이다.

각종 게임에 열광하는 것은 어쩌면 이러한 '패자 경험의 일상화'를 잠시 망각하게 해주는지 모른다. 문제는 그러한 게임에 열광하는 것을 부추기는 사회는, 그 어떠한 게임에서도 승자가 될 수 없는 패자의 삶을 살아가는 이들을 향한 책임 있는 관심을 망각하게 한다는 것이다. 인간을 승자와 패자로 나누면서 패자들을 외면하는 게임사회의 늪으로 이행하는 것에 작은 귀퉁이들에서라도 저항의 몸짓을 해야 하는 이유이다. 인간은 승자이거나 패자가 아니다. 다만 주어진 삶을 치열하게 살아가야 하는 생명일 뿐이다.

힐링의 상업화,
그 위험한 덫

한국사회에서 회자되는 인기어 중의 하나는 '힐링'이다. 텔레비전의 다양한 프로그램, 서적, 그리고 소위 힐링 전문가들을 통해서 힐링이라는 개념은 마치 바이러스처럼 대중적으로 확산되었다. '힐링 캠프'나 '힐링 투어리즘'이라는 관광 상품도 등장하고 있으니 한국은 참으로 '힐링 천국'이 되어가고 있는 듯하다. 그런데 이러한 '힐링의 상업화'는 보이지 않는 위험한 덫으로 우리를 유인하면서 정작 힐링이란 무엇이며, 힐링에서 충족되어야 할 조건들은 무엇인가라는 중요한 물음들을 묻지 않게한다.

힐링healing의 문자적 의미는 '온전하게 만드는 것'이다. 모든 인간은 '온전한 삶'을 살고 싶어 한다. 온전한 삶이란 인간으로 살아가는 데 필요한 여러 가지 조건들이 충족되고 조화를 이룬 삶이다. 한 사람의 삶에서 온전성을 이루기 위한 조건들은 혼자서 노력한다고 해서 얻어지는 것이 아니다. 육체적·감정적·관계적·사회정치적·직업적·제도적 조건 등 다양한 요소들이 맞아야 하기 때문이다. 한 사람의 온전성이 질병·불평등한 관계·사회적 편견·불의한 정치체제·기회의 박탈·결함 있는 제도적 장치 등 다양한 요인들에 의하여 깨어질 때 그 '깨어진 온전성'을 다시 회복하는 것, 이것이 바로 힐링이다. 따라서 진정한 힐링이란 다양한 요인들이 유발한 '깨어짐'과 '불균형'이 극복되어 그 온전성이 회복되거나 성취되는 것을 의미한다. 이것이 우리가 진정한 힐링을 위해서 들여다보아야 할 요소들이다. 힐링의 상업화는 이것을 보지 못하게 하면서 세 가지 위험한 문제점을 양산한다.

첫째, 힐링의 개인화이다. 힐링의 상업화 속에서 힐링은 언제나 사적이고 개인적인 것으로 이해된다. 힐링의 대상인 개별인들의 온전성을 깨어지게 한 상처들이 사회구조의 병폐나 폭력적인 차별적 인식과 관계로부터 야기된 경우조차도 힐링은 지극히 개인적이고 사적인 문제가 되고 만다.

예를 들어 메르스의 피해자들과 그 가족들, 세월호 유가족들, 또는 보육원에서 언어적·심리적·육체적 폭력을 경험한 아이들의 경우 그들을 사적인 한 개별인으로서만 전제할 때 일시적이고 파편적인 힐링은 가능할지 모른다. 그러나 통전적

^holistic 힐링의 가능성은 차단된다. 국가 차원의 책임 있는 대처
와 그에 따른 제도적 장치들의 변화가 동반되어야만 온전한 힐
링의 문이 비로소 조금씩 열리게 되기 때문이다. 또한 성별·계
층·성적 지향·육체적 장애 등에 근거한 차별 때문에 가정·학
교·종교·직장 등에서 지속적으로 상처를 받아온 사람들의 경
우, 힐링 서적 및 프로그램·개별 상담·관광 등으로 그들의 기
분이 일시적으로 나아진다고 해서 온전한 의미의 힐링을 한 것
은 아니다. 이들이 사회 곳곳에서 받는 편견이나 제도적 차별
때문에 받은 상처의 힐링에는 함께 살아가는 사람들의 의식 변
화는 물론 상처받은 이들의 권리와 평등을 보장하는 사회정치
적 제도의 변화가 중요한 필요조건이고, 그럴 때 '통전적 힐링'
이 가능하기 때문이다.

둘째, 힐링의 탈정치화이다. 상업화된 힐링에서는 개별인
들이 지닌 상처들이 사실상 사적·공적 영역에서의 복합적인
권력관계와 언제나 연계되어 있다는 사실을 보지 못하게 한다.
따라서 권력관계를 다층적으로 분석하고 그에 따른 해결 방안
제시로 가능한 힐링이 지극히 탈정치화되고 탈역사화된다. 다
양한 '힐링 상품'을 통해서 잠정적으로 기분이 나아지는 것도
물론 중요할 수 있지만 그것은 종종 아편과도 같은 기능을 할
수 있다. 탈정치화된 힐링은 구체적인 일상 속에서 자신이 받
는 상처가 자신 개인의 문제만이 아니라 인간관계에서의 왜곡
된 편견과 권력의 남용이나 사회정치적인 제도들 때문에 야기

되고 있다는 것을 보지 못하게 하여, 결국 개인 자신만을 탓하며 기분만 나아지는 것을 추구하고 아무런 현실적인 변화를 모색하기 어렵게 하기 때문이다. 삶의 온전성이 깨어지게 된 '상처받은 나'는 점점 탈정치화되고 탈역사화되어 결국 '깨어짐'의 모든 책임을 혼자서 짊어져야 하는 '사적인 개인'으로만 남아있게 된다. 복합적인 의미의 상처가 철저히 주변 조건들로부터 분리되고 결국은 나의 문제로만 귀속되는 것이다.

셋째, 힐링의 계층화이다. 한국사회에 대중화되어 확산되고 있는 힐링의 상업화를 통해 사회 저변층의 사람들은 점점 사회·문화·정치적 관심 밖에 놓이게 되면서 더욱 주변화되기 쉽다. 매일 먹을 양식과 생활비를 걱정해야 하는 이들이 '힐링 관광'이나 '힐링 캠프'에 시간과 돈을 쓰기는 거의 불가능하다. 이러한 힐링의 상업화는 사회 저변층의 사람들은 마치 힐링을 받을 조건이나 자격조차 없는 이들이라는 생각을 당연한 것으로 만든다. 예를 들어 부모에게 '힐링 관광'을 시켜줄 수 있는 경제력이 있는 자식만이 진정한 효도를 할 수 있다고 생각하게 만들 수도 있다.

위와 같은 문제점들을 양산하는 힐링의 상업화 속에서, 각 개별인들의 '온전한 삶'을 위한 필요조건들인 복지 정책·차별 방지 정책·권리 보호 정책 등 다양한 제도와 법률을 제정하고 실행하는 국가의 책임과 역할은 사라진다. 그 때문에 국민의 행복한 삶에 국가가 중대하고 책임 있는 역할을 해야 한다는 사실이 가려진다. 한 국가에 속한 국민으로서 다양한 통제와 통치를 받는, 현대를 사는 개별인들의 '온전한 힐링'은 국가가 올바르게 기능하지 못할 때 불가능하다. 이러한 의미에서 진정한 통전적 힐링이란 사적이고 개인적이기만 한 것이 아니라 공적이며 사회정치적인 것이다.

미생공화국의
자화상

한 대학교수가 자신의 제자에게 인분까지 먹이며 육체적·정신적·사회적 폭력을 행사한 일이 있었다. 그것도 즉흥적이거나 일회적인 것이 아닌 지속적인 가학 행위였다. 더 놀라운 것은, 다른 제자들을 동원하여 그 피해자 제자의 존엄성과 자존감을 갖가지 방식으로 짓밟았다는 것이다. 그런데 가히 세계적 이슈가 될 만한 이 사건은, 소위 '인분 교수'와 그의 보조자들을 악마화하는 것만으로는 해명하지 못한다. 이 사건은 대한민국에 깊숙이 뿌리내리고 있는 폭력적 인권침해의 현실을 빙산의 일각처럼 드러내고 있기 때문이다.

개인적인 것은 언제나 사회정치적이다. 개인에게 일어난 일은 다양한 방식으로 사회의 제도·가치 체제·권력 구조와 맞물려 있다. 이 사건은 미시적으로 보자면 악마적인 개인이 자신의 직책과 권력을 악용하여 저지른 개인적 사건이다. 그러나 거시적으로 보자면 다른 일련의 폭력적 인권침해 사건들과 유사한 논리 및 가치 체계와 연결되어 있다.

'인분 교수' 사건에는 크게 여섯 개 집단이 연계되어 있다. 교수, 보조자들, 교수가 속한 대학, 소속된 종교, 그를 회장 또는 자문위원으로 만든 단체와 정당, 그리고 사건의 피해자이다. 왜 소위 '인분 교수'는 이러한 악한 일을 하게 되었을까. 왜 그 보조자들은 이 악에 가담함으로써 가해자가 되었을까. 왜 피해자 제자는 2년이라는 긴 시간 동안 갖가지 모욕과 폭력을 견디어왔을까. 왜 그 교수가 속한 대학에서는 교수가 절대적 가해자가 되는 것을 감독하고 차단하는 제도적 장치가 작동하지 않았을까. 왜 그가 속한 종교는 다른 인간을 수단으로 대해서는 안 된다는 기본적인 종교적 가르침조차 그에게 자각시키지 못했을까. 정당과 단체들은 어떤 기준으로 그에게 갖가지 상과 직책들을 부여한 것일까. 이러한 일련의 물음들은 이 '인분 교수' 사건이 가능하게 된 연결 고리가 매우 복합적이고 광범위하게 서로 연계되어 있음을 드러낸다.

해당 사건이 일어난 대학이라는 곳은 한 사회의 거울이다. 어떤 사회를 알기 위해서 그 사회의 대학들이 어떠한 역할과 기능을 하고 있는가를 보는 것은 매우 중요하다. 대학은 그 사회의 비판적 지성과 양심의 보루이며, 더 나은 세계를 향한 청

사진을 이론화하고 그 이론들을 현실 세계에 접목하여 실천하는 데 무엇보다 중요한 역할을 하는 제도이기 때문이다. 그런데 '인분 교수' 사건에서 볼 수 있듯이 그 대학 안에서 권력 남용에 따른 다양한 양태의 폭력과 인권유린이 중층의 질병처럼 산재하여 있다. 본인의 운전 가능 여부와 상관없이 운전사를 대동하여 차를 타고 다니는 대학 총장들은 교수들 위에 군림하면서 '완생·갑'으로서의 막강한 위계적 권력을 행사한다. 교수들 간에도 직책과 연륜에 따라, 학생들 간에도 선배·후배, 남성·여성 등 다양한 요소에 따라 작동하는 위계주의는 권력 남용의 공간을 끊임없이 지속시키면서 다양한 '미생'을 양산하고 있다. 대학 내의 '보이지 않는 존재'인 청소 노동자들은 대학 구성원들에게 '미생' 취급받곤 한다. 한편에서 희생자인 '미생'들은 다른 한편에서는 가해자가 되어 또 다른 '미생'들을 만들어낸다.

대학 바깥도 예외는 아니다. 초·중·고등학교에서는 교사가 학생에게, 선배 학생은 후배 학생에게, 그리고 힘센 학생은 힘없는 학생에게 폭력과 인권침해를 자행하고 있다. 보육원에서는 육체적 권력을 지닌 보모가 절대적 약자인 아이들에게 갖가지 폭력을 행사하고 있다. 군대에서도 육체적·심리적·언어적·성적 폭력 등 일상화된 폭력이 사라지지 않고 있다. 종교단체, 사회운동 단체, 방송계도 예외는 아니다. 직책·나이·성별·학력 등에 따른 선배 중심주의·상사 중심주의·직책 차별주의·나이 차별주의·성차별주의·학력 차별주의 등의 폭력이 곳곳에서 벌어지고 있다. 소위 선진국에서는 사회정치적으로 절대로 용납되지 않을 범죄인 성폭력·언어폭력·육체적 폭력·약자 학대·인권유린과 침해 등의 행위가 보이지 않는 바이러스처럼 대한민국의 학교·정치·사회·종교·군대 등 곳곳에 침투해 있다.

왜 대한민국에서는 이렇게 개별인들이 기회만 있으면 자신의 직책·성별·권력을 이용하여 다른 약자의 존엄성을 짓밟는 일이 일상화되어 있는 것인가. 왜 한편에서 미생 취급을 받는 피해자들이 다른 편에서는 가해자들이 되고 있는가. 왜 이러한 폭력의 사슬을 제재하고 감시하는 제도적 장치는 작동하지 않는 것인가. '절대적 약자'가 되어버리는 가장 하위의 미생들은, 단지 자신의 생존을 위해서 자신의 인권이 무엇인지조차 묻지 못하는 '절대적 희생자'들이 되어버린다. '인분 교수' 사건을 단지 특정한 개인들의 문제로만 보는 것의 결정적 문제가 여기에 있다.

그런데 누가 '미생'이고 '완생'인가. 드라마 〈미생〉의 주인공 장그래가 정규직이 되었을 때 그는 자동으로 '완생'이 되는가. 아니다. 여기에서 우리는 '미생未生'과 '완생完生'의 의미를 근원적으로 재규정해야 한다. '미생'은 단지 비정규직에 있는 사람이고 '완생'은 정규직이라고 보는 단순한 이해는, 지금도 대한민국 곳곳에서 벌어지고 있는 다양한 형태의 인권침해 정황들을 해명하지 못한다. '완생·갑'과, '미생·을'은 고착되어 존재하지 않는다. 거시 공간에서의 갑과 을, 그리고 미시 공간에서의 갑과 을들이 존재할 뿐이다. 많은 사람이 서로의 '완생'됨을 부정하면서 '미생'들을 만들어내는 생산 라인에 서 있다. '완생·갑'인 '인분 교수' 곁에서 '미생·을'로 존재하는 보조자들은, 다시 자신보다 약자인 동료에게 폭력을 행사하는 데 가담함으로써 '완생·갑'의 존재로 군림한다.

이러한 위계주의적 인간 이해에 근거한 사회에서는, 모든 구성원이 결국은 미생으로서의 삶을 살아야 하는 관계 사슬 속에 놓이게 된다. 또한 소위 '완생'들 또는 '미생'들 사이에서도 여전히 위계적 권력 남용은 벌어지고 있다. 이제 '미생'과 '완생'의 근원적인 재개념화가 절실하게 필요하다. 그 누구도 '미완결·생명(미생)'으로 취급받아서는 안 되며, 나이·직책·성별·조건 등에 상관없이 모든 사람은 '완결·생명(완생)'으로 간주되어야 한다. '누구나 완생'이라는 인간 이해는 인권 개념과 민주주의사회의 가장 중요한 인식론적 토대를 이룬다. 어떤 직책이나 신분 때문에 자기 자신이나 타인을 미생으로 보는 그 시선은, 결국 권력을 남용한 인권침해나 폭력을 지속화하고 정당화할 수 있다.

'인분 교수' 사건은 대한민국의 두 가지 치부를 드러낸다. 하나는 위계적 폭력성과 인권침해적 비민주성의 일상화가 대한민국의 현재 모습이라는 점이다. 또 다른 하나는 자신보다 '아래'에 있는 이들을 '미생'으로 취급하는 폭력을 엄격히 제재하는 제도적 장치가 대한민국 전반에서 작동하지 않는다는 점이다. 이러한 정황에서 볼 때 대한민국은 민주공화국이 아니라 절대적 약자로서의 '미생'들이 곳곳에서 양산되고 있는 '미생공화국'이다.

그렇다고 여기에서 절망만 할 수는 없다. '인분 교수' 사건은 곳곳에서 다양한 옷을 입고 자행되는 폭력과 인권침해의 사슬을 어떻게 끊어내야 하는가에 대한 비판적 자기 성찰, 그리고 이에 따른 제도적 장치들을 모색해야 한다는 긴급한 과제 앞에 우리 모두를 소환하고 있다. 이 소환을 통해서 개인들은 인권에 예민할 수 있는 성찰을, 개인들이 몸담은 집단은 이러한 '인분 교수' 사건이 발생하지 못하도록 인식론적이고 제도적인 개혁을 모색해야 한다. 그렇지 않으면 제2, 제3의 '인분 교수' 사건은 각기 다른 옷을 입고서 지속적으로 출현할 것이다.

3 ──────────── 연민의 종교를 위하여

──

종교적 저항

*
*
*

'좋은' 종교는 타자들에 대한
책임·환대·포용·연민·연대·평등·평화·정의의
가치를 실천하고 확산하고자 한다. 종교 자체를
존속시키기 위하여 존재하지 않는다. 종교
자체를 목적으로 삼지 않는 종교인들, 신을 향한
사랑이 타자들을 향한 사랑과 불가분의 관계에
있음을 이해하는 종교인들이 바로 '좋은' 종교를
만들어가는 이들이다. 이러한 '좋은' 종교를
만들어가는 것이 바로 모든 종교인의 과제이다.

좋은 종교, 나쁜 종교

종교는 신神이 아니다. 종교에 관한 가장 심각한 오해는 종교 자체를 목적으로 여기는 것이다. 종교가 목적이 될 경우, 종교는 신의 자리를 대체한다. 또한 폭력·탐욕·권력 확장·증오 등을 종교적 행위로 간주하게 된다. 타자의 종교·성별·인종·성적 지향 등 다양한 삶의 조건이 자신의 것과 다를 때, 그 '다름'은 틀린 것이고 악한 것이 되기도 한다. 여타의 제도들과 마찬가지로 종교 역시 인간의 제도적 산물이다. 종교가 한 사회에서 그 존재 의미를 드러내는 것은 연민·배려·평등·평화·정의·책임·연대·포용·사랑 등을 이루어내고자 하는 치열한 씨름을 통해서만 가능하다. 종교란 유한한 인간 너머의 가치들, 무조건적 사랑·평화·연민·연대·책임성의 실천적 의미를 살아내기 위한 수단이고 통로일 뿐이기 때문이다.

종교는 인류의 역사에서 두 가지 상충적인 역할을 해왔다. 억압자와 해방자. 종교는 신의 이름으로 노예제도·인종차별·성차별·성소수자 혐오·타 종교 박해 등 다양한 종류의 폭력을 정당화하는 억압자 역할을 해왔다. 동시에 그러한 폭력과 혐오를 넘어 평등·평화·정의·해방을 확장하는 데 중요한 원동력이 되기도 했다. 종교가 행사해온 이러한 두 가지 상충적 기능을 '나쁜' 종교와 '좋은' 종교라는 단순한 범주로 나누어보자.

폭력적이고 억압적인 역할을 하는 종교는 '나쁜' 종교이다. '나쁜' 종교는 공공의 선보다는 개인 또는 집단의 이득 확장에 집중하며, 신의 이름으로 증오·배제·폭력의 문화를 확산시킨다. 칸트에 따르면 자기 이득을 확장하기 위한 모든 행위는 '급진적 악'이다. 반면 평화·정의·사랑의 가치를 구체적으로 실천하고자 하는 종교는 '좋은' 종교라고 명명할 수 있다. 하나의 같은 종교 안에서 이러한 상충적인 모습은 공존하기도 한다. 이 종교의 두 가지 상충적인 사회정치적 역할이 신을 어떻게 이해하는가에 따라 좌우되어왔다는 사실은, 신 또는 종교를 이해하는 데 비판적 검증이 중요함을 보여준다. 예를 들어 신을 전지전능하고 무소부재한 '정복적 신'으로 이해하고 있을 때, 자신들의 종교적 가르침과 실천 방식에 맞지 않는 이들을 모두 적대적 대상으로 간주하게 된다. 그리고 그들을 향한 폭력·박해·살상을 그 신의 이름으로 정당화하게 된다. 이 21세기에도 여전히 계속되고 있는 세계 곳곳의 폭력과 살상은 이슬람 근본주의나 기독교 근본주의와 같이 다양한 양태의 종교적 근본주의를 양산해내고 있으며, 그로 인해 폭력과 증오와 억압들이 신의 이름으로 정당화되고 있다.

한국사회에서 빈번히 볼 수 있는 바, 성당과 절에서 성모상과 불상을 파괴하는 종교인, 가부장제적 가치들을 신적 질서로 옹호하고 성차별적 제도와 가치를 절대화하는 종교인, 성소수자들의 존재 자체를 저주하는 종교인, 이슬람교도들을 모두 테러리스트로 규정하고 증오하는 종교인, 세월호 유족들의 고통의 현장에서 그들을 향해 비방과 증오를 일삼는 종교인들이 있다. 이들의 '나쁜' 종교는 타 종교 배타주의·가부장제·타 인종 혐오·성소수자 혐오·장애인 혐오 등의 가치를 종교적 신념이나 신의 이름으로 정당화한다. 빈곤과 질병 속에서 고통당하는 약자들을 신의 축복을 받지 못한 이들로 간주하는, 자본주의화된 가치를 '거룩한 진리divine truth'라며 확산한다. 물질적 번영과 성공을 신의 축복으로 굳건히 믿고 있다. '나쁜' 종교는 이러한 왜곡된 가치들을 절대화하면서 폭력과 증오의 문화를 퍼뜨린다. 결국 신의 이름으로 신을 배반하면서 '무신無神의 종교', '반신反神의 종교'로 전이되는 것이다.

현대의 대표적인 무신론자라고 간주되는 리처드 도킨스Richard Dawkins에 따르면, 종교는 폭력과 전쟁을 불러일으키면서 인류에게 해로운 '독'과 같은 역할을 했다. 따라서 그는 종교가 없었다면 인류는 훨씬 더 평화로웠을 것이라며 종교가 신의 이름으로 행한 역사적 사건들을 그 예시로 든다. 자살 폭탄 테러, 9·11 테러, 마녀화형, 십자군전쟁, '그리스도를 죽인 자들'이라고 간주하였던 유대인 박해, 명예 살인, 북아일랜드 내전, 이슬람 무장단체, 대량 학살 등 인류 역사 속의 무수한 살상·전쟁·폭력은 종교의 이름으로 정당화되어 왔다는 것이다. 종교인들은 이와 같은 종교 비판을 무신적이라고 비방하고 외면해서는 안 된다. 오히려 종교를 종교다운 종교로 만들기 위하여 이러한 '종교 무용론'을 비판적으로 조명하는 것이 중요하다. 왜 종교가 이렇게 불의·폭력·혐오·전쟁을 일으키는 억압자 폭군의 역할을 해오고 있는가를 비판적으로 조명하지 않고서 이 21세기에 공적 공간에서 종교의 존재 의미를 찾기는 매우 어렵다.

'좋은' 종교는 타자들에 대한 책임·환대·포용·연민·연대·평등·평화·정의의 가치를 실천하고 확산하고자 한다. 즉, 종교 자체를 존속시키기 위하여 존재하지 않는다는 것이다. 종교 자체를 목적으로 삼지 않는 종교인들, 신을 향한 사랑이 타자들을 향한 사랑과 불가분의 관계에 있음을 이해하는 종교인들이 바로 '좋은' 종교를 만들어가는 이들이다. 이러한 '좋은' 종교를 만들어가는 것이 바로 모든 종교인의 과제이다. 한국에서, 그리고 세계 곳곳에서 다양한 모습의 폭력과 분쟁이 종교의 이름으로 자행되고 있는 현 시점에서 '좋은' 종교를 이루기 위한 노력은 매우 절실하다. 그러나 불행히도 권력만 가졌다 하면 그 권력을 폭력적으로 행사하고자 하는 것이 인간의 욕망이다. 따라서 어떤 특정한 종교 자체가 언제나 정의롭고 평화를 지향하는 경우는 없다. 한 종교 안에서도 억압과 해방의 상충적 기능이 공존하고 있다.

그렇기에 "종교란 책임성에 관한 것이다"라고 하는 자크 데리다의 종교 규정은 전쟁·폭력·빈곤·난민·차별·증오의 문제가 더욱 더 심각해지는 이 시대에 중요한 통찰을 준다. 종교란 절망적인 세계에 희망과 생명과 사랑을 향한 열정을 확산하고 실천하기 위한 수단일 뿐, 제도로서의 종교 그 자체가 목적이 아닌 것이다. '종교 없는 종교', 또는 '종교를 넘어서는 종교'와 같은 표현들은 사랑과 희망과 책임성을 실천하는 수단으로서의 종교의 존재 의미를 강조한다. 생명 사랑의 부름으로서의 종교, 나와 다른 타자들을 향한 무조건적 환대와 사랑이라는 '불가능한 것을 향한 열정'으로서의 종교야말로, 이 신 없는 시대에 진정한 신을 향한 사랑의 의미를 실천하는 '좋은' 종교가 될 것이다.

철학자 존 카푸토John D. Caputo의 말처럼 "종교란 사랑하는 이들lovers을 위한 것"이다. 자신과 타자를 사랑하는 이들만이 신을 사랑하는 이들이기 때문이다. 카푸토의 이러한 종교 개념에 따르면 비종교적인 사람이란 다름 아닌 '사랑 없는 사람loveless person'이다. "내가 신을 사랑할 때, 나는 무엇을 사랑하는가"라는 성 아우구스티누스의 유명한 물음이 종교적으로 중요한 이유이다. 폭력의 시대라고 명명되는 이 21세기에 타자들을 향한 증오와 폭력을 정당화하는 '나쁜' 종교로부터 과감히 벗어나, 자신과 동질성을 나누지 않는 다양한 타자들을 향해 포용·환대·사랑·연대하는 '좋은' 종교로의 이행을 단행해야 하는 것은 긴급한 시대적 요청이며 과제이다.

독일 말도 하는 신

독일에서 유학 생활을 할 때다. 한국을 떠나 독일에 간 지 얼마 안 된 어느 날, 유치원에서 돌아온 아이가 수심에 찬 표정을 하고 있었다. 내가 무슨 일이 있느냐고 묻자, 오늘 유치원에서 점심시간에 기도를 했는데 독일어로 했다고 하였다. 그러면서 근심스러운 얼굴로 "이제 하나님은 내가 기도하는 것도 모를 거야"라고 말했다. 아이는 가톨릭 단체에서 운영하는 유치원에 다니고 있었는데, 정식 기도랄 것도 없이 아마 점심 먹기 전에 단순하게 '감사한다'는 한 문장을 말했을 것이다. 한국에서 태어나서 자랐으니 4세 아이에게 하나님은 분명 한국말만을 하는 것으로 각인되었을 텐데, 어느 날 돌연히 자신이 점심때마다 한국어가 아닌 독일어로 기도하는 것이 걱정되기 시작했던가 보다. 한국어만을 알아들을 하나님은 아마 자기를 기도 도 안 하고 점심을 먹는 '나쁜' 아이로 생각하거나 매우 서운해 할 거라는 염려가 생긴 것이다. 나는 아이의 근심에 찬 얼굴을 들여다보며, "하나님은 이 세상의 모든 말을 다 알아듣고 있으 니, 걱정할 필요가 하나도 없다"라고 말해주었다. 내 말을 듣자 아이는 안심한 듯 금방 얼굴이 환해졌다. 그런데 이렇게 자신의 인식 세계 안에 신을 가두는 것이 이 아이뿐인가. 무수한 종교 인들은 이렇게 자신의 지극히 제한된 생각 안에 자기만의 신을 가둬놓고 있다.

독일 신비주의 사상가 마이스터 에크하르트$^{Meister\ Eckhart}$ 는 "나는 신에게 내 속에서 신을 제거해달라고 기도한다"라는 유명한 기도문을 남겼다. '부정신학$^{apophatic\ theology}$'의 인식론적 배경이 되는 이러한 방식의 사유는, 유한한 존재인 나 속에 갇 힌 신의 표상을 끊임없이 넘어서는 것이 진정한 종교적 행위임 을 상기시킨다. 우리가 신을 인간의 유한성을 넘어서는 무한한 존재라고 이해한다면, 그 '무한한 존재로서의 신'을 인간이 온 전히 이해하고 인식하는 것은 불가능하다. 자신이 신을 경험했 다 해서 그 경험이 신에 대한 총체적 이해로 고정되어서는 안 된다는 것을 마이스터 에크하르트의 기도는 우리에게 상기시 킨다. 신에 대한 협소한 이해를 절대화하는 순간, 바로 그 신을 '제거'하는 것이 진정한 신앙이기 때문이다. 이런 의미에서 보 자면 교회에서 선포되는 신의 모습은 종종 우리가 '제거'해야 할 신일 경우가 너무나 많다. 건강·물질·성공의 복을 내리는 존재로 표상되는 신은, 인간 너머 존재로서의 신이 아니라 욕망에 가득 찬 인간이 만들어내는 신이기 때문이다.

신은 종종 이 현실 세계에서 권력이 많고 강한 존재로 표상된다. 신은 영어를 하고, 피부가 하얀 백인이고, 악을 물리치는 정복자라는 표상을 절대화시키는 경우가 너무나 많다. 이러한 신은 제국주의적 신으로 변모된다. 퓰리처상을 받은 앨리스 워커Alice Walker의 《더 컬러 퍼플》이라는 소설을 보면, 주인공 소녀 셸리Celie는 신에게 편지를 쓴다. 신에게 쓰는 편지가 바로 그녀의 일기인 셈이다. 그런데 갖가지 인종차별과 성차별을 경험하면서 비참한 삶을 살고 있는 흑인 소녀 셸리가 생각하는 신의 표상은 '몸집과 키가 크고, 늙고, 회색 빛 수염이 났으며, 푸른 눈을 가진 백인'이다. 자기를 비인간처럼 괴롭히고 있는 바로 그 권력적 존재들(남성, 백인, 나이 많은 이)의 모습이 셸리가 생각하는 신의 표상인 것이다. 셸리는 후에 자신이 생각해온 신의 모습이 잘못되었다는 것을 비로소 알게 되면서 자신이 지녔던 고정된 절대적 표상의 신을 떠난다.

인간 너머의 존재를 사유하고 경험하고자 하는 인간은, 그 유한성 때문에 '상징'을 필요로 한다. 무한한 존재에 대한 '사실'적 표현은 불가능하기 때문이다. 인간은 상징을 만든다는 점에서 다른 동물과 구분된다. 이러한 의미에서 보자면 신에 대한 상징은 종교를 구성하는 결정적인 요소이다. 그래서 신학자 폴

틸리히Paul Tillich는 종교의 일차적 언어는 상징적이어야 한다고 했다. 상징을 통해서만 인간의 언어적 표현 너머의 존재를 가리킬 수 있기 때문이다. 종교에 다양한 상징이 있는 이유이다.

그런데 우리가 경계해야 할 것이 있다. 상징을 사실로 혼동하는 것이다. 신에 대한 상징과 사실을 혼동할 때, 그 신은 인간의 유한한 생각 속에 제한되고 만다. 예를 들어보자. 기독교에서 신을 표상할 때 가장 많이 쓰는 말이 '아버지'이다. 그런데 이 '아버지'는 신이 곧 생물학적으로 남성이라는 사실적 표현이 아니라 상징적 표현이다. 신을 '아버지'라고 표현하는 것을 사실적이라 생각할 때는 신을 인간과 유사한 존재로 왜곡시킨다. 동시에 '종교적 상징(아버지)'을 '생물학적 사실(남성)'로 일치시키는 논리적 모순에 빠진다. 이 논리를 따르자면 신의 성별만이 아니라 인종·나이·섹슈얼리티 등 인간이 지닌 모든 구체적 형상을 신에게도 부여해야 한다는 한계에 이른다.

신을 어떠한 존재로 이해하는가는 매우 중요하다. 신을 이해하는 것은 종교적 영역에서만 제한되지 않고 정치·경제 등 인간의 제반 영역에 영향을 미치기 때문이다. 신을 '왕'과 같은 정복적인 신으로 이해할 때, 그러한 신을 굳건히 믿는 사람은 전쟁을 하고, 식민지를 정복하며, 자신과 다른 종교를 믿는 사람들이나 상이성을 지닌 사람들을 혐오하고 제압하고자 하는 자신의 행위를 정당화한다. 국익을 극대화하기 위하여 군대를 파견하면서 승리를 가져다줄 '신의 축복'을 빈다. 서구에서 군사주의적 체재를 종교적으로 지지하는 근간이 되는 것은 바로 이러한 정복주의적 신의 표상이다. 신을 '남성'으로 이해하는 교회들은 남성이 여성보다 우월한 존재라는 가부장제적인 남성중심적 질서와 체재를 자연적인 것으로 간주한다. 가톨릭 교회나 정교회, 그리고 많은 개신 교회가 여성들에게 여전히 신부나 목사 안수를 허용하지 않는 이유이다. 신이 남성일 뿐 아니라 백인이라고 이해하는 사회는, 노예제도를 '신적 질서'라고 생각한다. 앨리스 워커의 《더 컬러 퍼플》에 나오는 셀리의 경우처럼, 사람들을 지배하고 정복하는 정치적·경제적·종교적 체재는 사람들의 신 이해와 일치한다. 신의 표상은 곧, 이 세계에서 권력을 지닌 사람들이다.

권력을 지닌 인종·성별·사회적 계층과 유사한 이미지를 한 신 개념을 지닌 사람들의 종교적 사유에서, 신은 남성·푸른 눈의 백인·부유한 사람의 이미지로 고정된다. 신을 결코 여성·장애인·노숙인·성소수자·빈곤층·저학력자 등과 같이 이 사회의 약자로서 살아가고 있는 사람들과 일치시키지는 않는다. 신이 한국말만 이해할 것이라고 아이가 생각하는 것처럼, 많은 이들은 자신의 지극히 제한된 이해 속에 신을 가두고 있다. 인식론적으로 제한된 자신의 지극히 유한한 세계 속에서 만들어낸 신은 허구적 신일 뿐이다. 마이스터 에크하르트의 "나는 신에게 내 속에서 신을 제거해달라고 기도한다"라는 말을 종교인들이 끊임없이 되새겨야 하는 이유이다.

신의 이름으로
신을 배반하는 이들

내가 가르치는 포스트모더니즘 세미나에서 자신을 '무신론자'라고 소개하는 학생이 있었다. 학기 첫 시간에 학생들이 돌아가면서 자신을 소개하는 시간이었는데, 샘Sam이라는 이름의 그 학생은 "나는 무신론자입니다"라는 말로 자기소개를 시작했다. 이렇게 무신론자로 자기를 소개하는 학생을 만나는 일은 종종 있다. 신학대학원의 학생으로 공부하면서 자신을 무신론자라고 칭하는 학생을 만나는 것은 흥미로운 사건이다. 나는 샘의 자기 선언을 들으며, 그 세미나가 학기 내내 흥미롭겠다는 생각을 했다. 학생들이 새로운 인식을 하게 되는 것을 보는 것은, 선생으로 살아가는 나에게 보람을 느끼게 하는 일이기 때문이다.

　샘이 지칭하는 신의 '비존재' 또는 '무존재'는 본인이 인식하지 못했을지라도 사실상 니체의 신 죽음 선언과 유사한 맥락에 서있다. 신학대학원생들을 가르치는 선생이 '무신론자'라고 자신을 부르는 학생을 만나도 별로 당황하지 않는 것이 이상하게 생각될지 모르겠지만, 사실상 무신론자 또는 유신론자라는 명칭 자체는 중요한 의미를 담고 있지 않다. 많은 사람이 "신이 죽었다"라는 니체의 선언에서 "죽었다"라는 부분에만 주로 관심을 갖는다. 그러나 보다 근원적인 부분은 '어떠한 신이 죽었다고 선언되는가' 하는 점이다. 즉, '나의 학생 샘이 존재하지 않는다고 믿는 그 신은 어떤 신인가'를 들여다보는 것이 훨씬 중요하다는 것이다. 한 학기를 함께 보내면서 샘은 유신론이나 무신론이라는 명칭 자체가 지닌 한계들을 보기 시작하였고, 다양한 인문학의 경계들을 넘나들면서 신 개념의 의미를 열정적으로 공부하고 글을 쓰는 사람이 되기 시작하였다.

무신론자가 아닌 유신론자라는 종교적 정체성을 가진 사람들은 '신을 사랑하는가'라는 물음에 주저 없이 그렇다고 대답할 것이다. 그런데 과연 자신이 존재한다고 믿는 신은 어떠한 존재이며, 그 신을 사랑한다는 것은 무엇을 의미하는가는 그 대답과 별개의 문제이다. 이러한 맥락에서 보자면 스스로가 유신론자 또는 무신론자라는 정체성을 선언하는 것은 그렇게 커다란 의미를 지니지 않는다. 자신이 존재한다고, 또는 존재하지 않는다고 믿는 그 신이 '어떠한 신'인가의 물음이 더 우선해야 한다는 것이다. 마찬가지로 니체의 신 죽음 선언에서도 '죽음'이 아니라 '죽었다고 선언되는 신'이 과연 어떠한 신인가가 핵심이다. '신을 사랑한다'는 선언 자체는 커다란 의미가 없다. 아무것도 말해주지 않기 때문이다. 예를 들어 갖가지 소원을 다 들어주는 마술적 신, 내가 증오하는 사람들을 모두 파괴하는 정복적이며 폭력적인 신을 철저히 믿는다면, 유신론자보다는 그러한 신의 존재를 믿지 않는 무신론자가 오히려 더 바람직하다.

2014년 5월 11일, 교인이 수만 명이 넘는다는 서울의 한 대형 교회 담임자인 K 목사는, '믿음의 3요소'라는 설교를 했다. 이 설교에서 세월호 침몰을 언급하면서 "하나님이 공연히 이렇게 침몰시킨 게 아니다. 나라를 침몰하려고 하니 하나님께서 대한민국 그래도 안 되니, 이 어린 학생들, 이 꽃다운 애들을 침몰시키면서 국민들에게 기회를 주는 것이다"라고 했다. 또 2014년 5월 26일에는 '대한예수교 장로회 총회'라는 이름의 새로운 교단이 창립 준비 총회를 가졌다. 612명의 목회자가 이 교단에 가입했다고 하는데, 목회자 정년 폐지, 목회자 납세와 '세계교회협의회WCC' 반대, 그리고 목회 세습 허용 등을 골자로 하는 교단 창립선언문을 발표했다. 한국 교회들이 이러다가 교회의 권력을 절대화하기 위하여 지구가 돈다고 주장하는 과학자들까지 종교재판에 세우고 면죄부까지 팔던 서구 중세 시대의 종교로 되돌아가는 것은 아닌가 하는 우려가 든다. 그뿐 아니다. 같은 해 5월 15일에는 '한국 범죄예방 국민운동본부'와 '한국 기독교 원로 목사회'가 공동 주최하여 '세월호 추모와 나부터 회초리 기도회'를 가졌다. 그 자리에서 원로 목회자들은, 세월호 참사의 책임이 자신들에게 있다면서 스스로 다리를 6대씩 때리는 회개식을 했다.

회개식의 진정성 여부와 상관없이, 이 종교 지도자들이 한국사회에서 일어난 문제를 보는 방식에는 문제가 있다. 세월호 참사는 분명히 사회정치적이고 제도적인 문제이다. 그럼에도 정부의 부실한 구조 과정을 문제 삼는 것이 아니라 그것을 '나부터 회초리'라는 개인적이고 영적인 문제로 전환시키는 사고방식은 심각한 문제이다. 진정 그 원로 목사들이 자신들이나 한국 교회의 무책임성을 회개하고자 한다면, 우선 세월호 참사의 희생자들과 유가족들의 아픔과 고통에 동참하고 애도해야 한다. 그리고 그러한 참사가 일어난 원인의 진상을 구체적으로 규명할 것을 촉구하고, 책임의 소재를 묻는 시민들의 소리에 연대함으로써 진정한 올바른 회개를 보여주어야 한다.

그러나 언급했듯 이들의 집단적 회개는 세월호 참사가 지닌 사회정치적 의미를 사적인 회개 행위로 전이시키고 있다. 결과적으로 세월호 희생자 유가족들의 고통 및 아픔과의 연대의 끈은 홀연히 끊어버리고 있다. 이 점에서 이러한 '회초리 회개'는 그 한계와 문제점을 드러낸다. 더 나아가서 이러한 종교적 퍼포먼스는 한국의 기독교인들과 지도자들에게 종교인이 된다는 것의 의미를 왜곡시키고 있다. 회초리를 동반한 무대에서의 회개는 '극장의 회개theatrical repentance'이다.

철학자 조르조 아감벤^{Giorgio Agamben}은 나치의 유대인 학살을 종교적인 예식에서 '번제', 즉 불에 희생된 제물의 의미를 지닌 '홀로코스트^{holocaust}'라고 명명하는 것 자체에 비판적으로 문제 제기한다. 이러한 종교적 명칭을 붙이는 것은 정치적·윤리적 공간인 아우슈비츠를 종교적이고 신화적인 공간으로 전이시킴으로써 문제의 본질을 왜곡하기 때문이다. 세월호 참사는 분명히 정치적·윤리적·구조적인 사건이다. 종교적이고 영적인 사건이 아니다. 왜곡된 전이는 대한민국을 구하기 위하여 "꽃다운 애들을 침몰시키는 신"을 외치는 종교 지도자에게 환호하는 종교인들의 심각한 문제를 보지 못하게 만든다. 그들의 신은, 그들의 종교는 이 세계에서의 책임성과 연대를 철저히 외면한다.

거듭 말하지만 '신을 사랑한다', 또는 '유신론자다'라는 선언을 한다고 해서 그 사람의 종교성이 정당화되는 것은 아니다. 제도화된 모든 종교에는 신의 이름으로 신을 배반한 죄의 역사가 있다. '신을 사랑하는가'라는 물음이 의미 없는 이유이다. 아우구스티누스는 '신을 사랑하는가'라는 물음을, "내가 나의 신을 사랑할 때, 나는 무엇을 사랑하는가?"로 전이시킨다. 물적 축복과 성공을 보장하는 신의 존재를 믿는다고 유신론자라고 한다면, 그 종교인은 이기적이고 황금만능주의적인 신을 믿는 것이기 때문이다. 신의 이름으로 성소수자들을 혐오하는 종교인들은 신을 '혐오의 신'으로 만든다. 그러나 종교란 타자를 향한 연대와 환대를 실천하면서 이 세계가 더욱 정의롭고 평등한 세계가 되는 것에 헌신해야 한다. 신의 이름으로 신을 배반하는 이들은 바로 이러한 연민과 책임의 의미를 자신의 종교에서 체현하기를 거부하는 이들이다. 신의 이름으로 신을 배반하지 않으려면 아우구스티누스의 "내가 나의 신을 사랑할 때 나는 무엇을 사랑하는가?"라는 물음과 치열하게 씨름해야 할 것이다.

침묵하는 신

2001년 9월 11일, 이슬람 테러 단체는 민간 항공기 네 기를 납치하여 미국 뉴욕시의 110층짜리 세계무역센터와 버지니아주 미국 국방성 펜타곤을 공격했다. 재정적 피해는 천문학적이며, 인명 피해만 3,000여 명에 달했다. 미국은 물론 전 세계가 경악한 사건이다. 미국에서는 9·11 테러 이전과 이후를 가르는 다양한 변화가 있었다. 이전과 이후 사이에 획을 그을 수 있을 때, 그것은 중요한 '역사적 사건'이 된다.

2014년 4월 16일, 한국에서는 세월호가 바다에 침몰하는 사건이 벌어졌다. 미국의 9·11 테러 때와는 달리 세월호 참사에서는 두 시간 동안 구조할 수 있는 결정적인 시간이 있었다. 그런데 그 시간에 구조받을 수 있었던 304명의 무고한 생명이 물에 잠겨 죽어갔다. 그 배에 타고 있던 탑승자 476명 중 325명은 수학여행을 가던 고등학교 학생들이었으며, 그들과 동행한 열네 명의 교사들이었다. 국적이 무엇이든 나이나 가정환경이 어떻든 한 생명 한 생명은 모두 대체 불가능하다. 이들이 구조될 수 있었던 시간에 구조되지 못하는 것을 가족·친구·국민은 고통스럽게 지켜보아야 했다. 또한 세월호 안에 타고 있었던 사람들이 겪고 있을 극심한 두려움과 고통, 그리고 그 절망적인 상황에서 끝까지 부여잡고 있었을 구조를 향한 한 가닥 희망의 줄을 서서히 놓아야 했을 것이다. 이러한 다층적인 고통과 비극의 상황은 우리의 언어로는 표현 불가능하다.

그 당시 '페이스북'이나 '트위터' 같은 SNS에는 신을 향한 갖가지 염원들이 봇물 터지듯 쏟아지고 있었다. 하다못해 바다에 빠진 사람들이 춥지 않게 "바닷물을 따스하게 만들어달라"라는 기도까지 있었다. 신이 슈퍼맨처럼 나타나 고통에 괴로워하는 사람들을 구해낼 수 있지 않을까 하는 기대로 무수한 종교인들은 간절한 기도를 했다. 그런데 결국 신은 침묵했다. 가족들과 사랑하는 사람들이 무참히 죽어가는 현장에서, 그들을 살려달라는 절절한 절규의 기도 앞에서, 신은 침묵한 것이다. 이러한 침묵의 신은 전통적인 신 개념에 정면으로 도전한다. 전지전능한 신, 무소부재한 신, 불가능이 없는 신. 지금도 여전히 많은 교회에서 가르치는 그 신은 9·11 테러 현장에서, 그리고 세월호 참사의 현장에서 침묵했다. 그 신의 부재를 한국의 기독교인들은 어떻게 읽고 있는가.

전통적인 신 이해가 신학적으로 근원적인 도전에 부딪힌 사건이 있었다. 바로 독일 나치 정권이 자행한 학살이다. 100만여 명의 어린이, 200만여 명의 여성, 300만여 명의 남성 등 600만여 명의 생명이 단지 유대인이라는 사실 하나 때문에 무참히 학살당했다. 20만 명의 정신적·육체적 장애인, 그리고 20만 명에 달하는 집시·동성애자·공산주의자·여호와의 증인·공산주의자·사회주의자 등 나치 정권이 생각하는 '이상적인 게르만 민족'의 틀에 맞지 않는 사람들은 처참한 죽음을 당했다. 이러한 참사의 현장에서 신은 어디에 있는가. 그 '전지전능한 신'은 왜 영웅처럼 나타나서 나쁜 이들을 처벌하고 모든 생명을 구해주지 않고 이토록 끔찍한 현장에서 침묵하는가. 그뿐이 아니다. 유일한 자식이면서 동시에 성육한 자신이라는 이 패러독스적 현현인 예수의 죽음의 현장에서조차 그 신은 전지전능한 '영웅적 신'으로 등장하기를 거부했다.

신의 침묵은 우리를 근원적인 물음들과 씨름하도록 한다. 신을 믿는다는 것은 무엇을 의미하는가. 종교란 무엇이며, 종교인이 된다고 하는 것은 무엇을 의미하는가. 기도의 대상은 누구이며, 기도하는 내용은 무엇이 되어야 하는가. 제2차 세계대전 이후, 나치 정권이 자행한 인간을 향한 범죄의 실상이 낱낱이 드러나면서 신학계는 '홀로코스트 이후 신학은 가능한가'라는 근원적인 위기의식과 치열하게 씨름해야 했다. 이러한 위기의식과 대면하는 것은 기독교인들에게는 어찌 보면 매우 곤혹스러운 일이다. 전통적으로 편안하게 기대고 위로받던 신에게 하던 기대가 더는 작동하지 않는다는 사실을 받아들여야 하기 때문이다. 또한 그 전통적인 신의 표상과 그를 향한 기대를 이제 버려야 한다면, '대안적인 신 이해란 무엇이어야 하는가'라는 물음과도 씨름해야 하는 엄중한 과제 앞에 서 있는 것이다. 신에 관해 근원적인 인식의 변화가 있어야 함을 의미한다.

그런데 한국의 다수 교회들이 가르치는 신은 여전히 승리주의적이고 전지전능한 '영웅적 신'이며, 성공과 안녕을 간절히 빌기만 하면 들어주는 '요술 방망이의 신'이다. 그 신은 인간 역사 너머의 형이상학적 세계에서 존재하는 '초월적 신'으로만 존재한다. 이러한 전통적인 신의 죽음을 선언한 이가 바로 니체이다. 사람들은 "신은 죽었다, 바로 우리가 죽였다"라고 절규하던 니체에게 무신론자라는 표지를 서슴없이 붙였다. 그런데 우리가 주목해야 하는 것은 신이 '죽었다'라는 부분이 아니라, '죽었다고 선언되는 그 신은 어떠한 신인가' 하는 점이다. 니체는 〈미지의 신에게Dem Unbekannten Gott〉라는 제목의 시에서, "나의 존재 가장 깊이에 있는 당신/ 나의 영혼 속에 들어온 당신"을 그리워하고 알고 싶다고 하면서 신을 향한 절절한 갈망을 담아낸다. 니체에게 단순히 무신론자라는 표지를 붙이는 것의 문제가 바로 여기에 있다. 이제 우리가 전지전능한 영웅적 신, 요술 방망이 같은 신의 침묵을 경험하고 그 신을 떠나야 한다면 새롭게 갈망하고 만나야 할 신은 어떤 존재인가.

나치가 유대인 학살을 위해 만든 가스실을 향해 엄마의 손을 잡고 가던 아이가 "신은 지금 어디에 있나요?"라고 물었다는 이야기가 있다. 그 아이의 물음에 엄마는 "신은 지금 우리와 함께 걷고 계시단다"라며 답했다고 한다. 이 단순한 이야기는 많은 이들에게 심오한 종교적·신앙적 의미를 전해주었다.

세월호 사건 이후 많은 교회에서는 그것이 하나님의 심판이라는 설교가 있었다고 한다. 인간에게 일어나는 아픔과 고통을 신의 정죄와 심판으로 해석하는 종교는 역사에서 다층적 권력을 행사하는 종교가 되었다. 질병과 참사로 인간을 징벌하고 심판하는 신, 악을 행하는 사람들을 단번에 벌하고 선을 행하는 사람에게 승리를 가져오는 신, 자신만의 성공과 번영을 기도하는 사람들의 소원 리스트를 기적처럼 들어주는 요술 방망이 같은 신, 그러한 신은 존재하지 않는다. 그러한 신을 설교하고, 교리화하고, 가르치는 종교는 신을 '자본주의의 신'·'물질 만능의 신'·'혐오의 신'으로 왜곡시킨다. 그리고 무엇보다도 이 세계에서 종교인으로서 해야 할 책무를 외면하고 왜곡한다. 이러한 종교에 비판적 저항을 해야 하는 이유이다. 예수를 믿는다는 것, 신을 믿는다는 것은 강도 만난 이웃들을 돌보는 것이고, 의원이 필요한 병자들을 보살피는 것이며, 자신이 가진 것을 가난한 이들과 나누는 것이다. 신을 믿는 것, 예수를 따르는 것이 무엇인지 성서가 가르치는 '가이드라인'이다.

이제 영웅주의적 신, 요술 방망이의 신을 버리고 새로운 신을 만나야 한다. 그 신은 고통과 절망의 현장에서 함께 고통스러워하는 '연민의 신'이고, 정의롭고 평등한 세계로 변혁하기 위해 씨름하는 이들과 함께 하는 '연대의 신'이며, 그 누구도 차별하거나 억압하지 않고 끌어안는 '포용의 신'이고, 모든 이들을 한 사람 한 사람 고귀한 존재로 받아들이고 따스하게 맞이하는 '환대의 신'이다. 이러한 신과 조우하는 것, 이것이 살아남은 자들인 우리에게 맡겨진 엄중한 과제이다.

예수 없는 크리스마스의
딜레마를 넘어서

매년 12월이면 세계 많은 지역에서 사람들이 크리스마스를 명절로 지킨다. 크리스마스는 기독교라는 특정한 종교만의 날이 아닌 보편적인 문화적 명절이 되고 있다. '크리스마스 쇼핑'은 익숙한 개념이 되었으며, 크리스마스는 쇼핑과 선물의 날로 인식되고 있다. 크리스마스의 세계적 대중화에 결정적인 기여를 하고 있는 미국에서는 추수감사절이 지난 직후인 11월 말이 되면 가정에서는 물론 백화점과 쇼핑몰, 그리고 가로수가 크리스마스 전등으로 화려하게 장식된다. 백화점과 거대한 쇼핑몰들은 크리스마스 장식으로 만들어진 갖가지 상품으로 매장을 가득 채우고 크리스마스 캐럴을 반복적으로 틀어줌으로써 사람들에게 크리스마스를 각인시킨다. 이렇게 선물을 위한 다양한

상품, 그리고 크리스마스 장식과 캐럴로 가득한 백화점과 쇼핑
몰은, 쇼핑과 선물 교환을 빼면 크리스마스의 의미를 상상할
수 없도록 만드는 데 결정적인 기여를 하고 있다. 이러한 크리
스마스 분위기에 동조하지 않는 것은 대중문화 속에 고착된 축
제 코드를 깨는 '문화적 죄cultural sin'를 짓는 것이 된다.

　　세계 인구의 30퍼센트 정도인 기독교인들의 명절이 세계
보편의 문화로 자리 잡게 된 배경에는, 기독교가 세계에서 가
장 강력한 정치·경제·문화적 권력을 지니고 있는 서구의 종교
라는 사실과 무관하지 않다. 그런데 처음부터 기독교 전통 안
에서 크리스마스가 지금과 같은 방식으로 존재해온 것은 아니
다. 17세기부터 서구에서는 경제 활성화의 목적으로 서서히 기
독교 절기들을 대중적인 명절로 디자인하기 시작하였다. 사람
들의 소비를 종교 절기와 연계시켜 경제를 활성화하고자 하는
상업주의가 크리스마스의 대중화에 기여하였다. 기독교 절기와
상업주의의 만남으로 '크리스마스 딜레마'가 시작된 것이다.

　　백화점들은 전통적인 서구 기독교 대성당들과 유사한 장
식을 한다. 대성당들이 스테인드글라스로 화려하게 건물을 장
식하듯이 진열장을 화려한 색채로 장식한다. 대성당에서 연주
되는 교회음악처럼 백화점에서도 음악이 있다. 크리스마스 음
악을 들으며 쇼핑을 하는 것을 문화적 미덕일 뿐 아니라 종교
적 미덕이라고 착각하게 한다. 예를 들어 미국 최초의 백화점
중 하나인 필라델피아에 있는 '워너메이커'는 고가의 파이프 오

르간을 설치하고서 대성당과 같은 분위기에서 유명한 오르간 연주자를 초청하여 음악회를 열곤 한다. 교회에서만 듣던 파이프 오르간 연주를 이제 사람들은 백화점에서 즐기면서 굳이 종교적 공간과 상업적 공간을 분리할 필요가 없게 되었다. '상업의 절기'와 '구원의 절기'의 절묘한 교합이 바로 크리스마스가 되어버린 것이다.

착한 아이에게만 선물을 준다는 산타클로스는, 착하게 사는 것이 곧 물질적 보상을 받는 것이라는 가치를 아이들 속에 주입한다. 착한 것이란 곧 어른들의 말을 잘 듣는 것이라는 맹목적인 순종의 메커니즘이 물질적 선물로 각인된다. 비싼 선물을 주는 산타가 있는 부잣집 아이들은 그렇지 못한 가난한 집 아이들보다 더 착한 사람이다. 산타 신화는 부모의 경제 역량에 따라 형성되는 '착함의 위계주의'를 아이들의 의식 속에 자리 잡게 한다. 하루에 2달러 이하로 살아가야 하는 세계 곳곳의 극빈층 아이들에게 산타는 멋진 선물은커녕 먹을 양식조차 가져다주지 않고 있으니, 그 아이들은 산타조차 외면하는 나쁜 아이들인지도 모른다.

레비나스Emmanuel Levinas가 하이데거Martin Heidegger의 현존 개념을 비판하면서 은유적으로 "현존은 결코 배고프지 않다"라고 한 것처럼, 배가 불쑥 나오고 선물을 잔뜩 짊어지고 다니는 힘찬 목소리의 서양 할아버지 산타는 결코 배고픈 적이 없는 것 같다. 풍만한 배, 하얀 수염, 백인 얼굴, 건강한 몸, 명랑한

웃음과 함께 등장하는 산타는 크리스마스카드와 선물 행사를 통해서 물질 만능, 백인 중심, 남성 중심, 나이 차별, 장애 차별, 종교 차별 등의 다층적인 차별적 가치들을 대중화하고 대중들은 그것을 내면화한다.

크리스마스 자선 행사들은 그 행사에 참여하는 이들에게 자신이 좋은 사람이라는 안도감을 느끼게 한다. 그러나 행사로서의 자선 행위는 '그 자선의 수혜자들이 왜 그토록 빈곤한 삶을 사는가'라는 근원적 물음을 수반하지는 않는다. 결국 그러한 자선은 정의를 구현하기 위한 의식과 연대를 확보하는 데에는 아무런 기여를 하지 못한다. 가령 노숙인들에게 음식을 제공하는 행사는 진행하지만 '왜' 그들이 노숙인으로 살아가게 되었고 '어떻게' 그 정황을 벗어날 수 있는 제도를 만들 수 있는가와 같은 근원적인 물음은 묻지 않는다. 구제와 정의의 근원적 차이가 바로 '왜'라는 물음의 존재 여부에 있음을 드러내는 경우이다. 특별한 날에 행하는 자선 행위는 선행으로 칭송을 받지만, 더 중요한 정의의 문제에 관심 갖고 헌신하는 이들은 '좌파' 또는 '반종교적'이라는 비난과 공격을 받는다. 그래서 정작 크리스마스의 주인공인 예수가 가장 중요하게 생각하고 가르쳤던 모든 인간의 존엄·사랑·평등·정의의 구현은 상업주의화된 선행으로 대체되어버린다.

예수는 호텔이나 저택이 아닌 마구간에서 태어났다. 이러한 예수 탄생의 이야기가 이 21세기에 시사하는 것은 무엇인

가. 모든 사람을 고귀한 인간으로 보는 우주적 연민의 시선을 지닌 예수는, 소비문화와 결탁한 현대의 상업주의적 크리스마스 속에 철저히 부재한다. 진정 예수 탄생의 의미를 축하하는 크리스마스를 맞이하고 싶다면 예수처럼 이 세계의 그늘진 곳에 있는 이들, 다양한 이유로 주변부에서 '비존재'로 살아가고 있는 이들이 누구인가를 예민하게 살펴보아야 한다. 저임금·비정규직 노동자들, 미등록 이주노동자들, 육체적 또는 정신적 장애 때문에 차별을 경험해야 하는 이들, 성별이나 성적 지향 등 다양한 이유로 비인간 취급을 받는 이들을 향한 관심과 연대를 강화하는 것이 바로 예수 탄생을 기념하는 '메리 크리스마스'의 의미이다. 크리스마스는 약자들과의 연대, 그리고 더욱 평등하고 정의로운 사회를 위한 실천적 열정을 새롭게 다지는 날이 되어야 한다.

찬란한 크리스마스트리와 장식, 값비싼 선물들, 가는 곳마다 울려 퍼지는 신나는 캐럴들은 경제 활성화의 장식물일 뿐 정작 '예수 정신'과는 무관하다. 정의·평등·사랑·평화의 세계를 이루기 위한 헌신과는 상관없는 크리스마스는 예수의 이름으로 예수를 배반하는 날일 뿐이다. 예수는 여우나 새도 집이 있지만 자신은 그러한 공간조차 없다고 하면서, 사실상 노숙인으로서 그늘진 곳에서 살아가던 주변부인들과 함께하는 삶을 살았다. 크리스마스를 진정으로 축하하고 싶다면 그날을 예수의 가르침을 따라 차별 없이 모든 인간을 사랑·환대하고, 정의

와 평화의 길이 무엇인지를 고민하며, 그와 더불어 그 구체적인
실현 방안을 모색하는 날로 맞이해야 할 것이다.

반쪽 진리의
폭력에 저항하라

한 사회 안에는 언제나 다양한 집단이 있다. 정치·교육·경제·문화계·종교적 집단은 그 집단의 지도자가 누구인가에 따라서 그 집단의 공적 세계에서의 존재 의미, 그리고 기여와 적절성이 결정된다. 우리는 누구나가 결정권을 지닌 민주적인 사회에 살고 있다고는 하지만, 정작 그 사회를 구성하는 개별인들은 자신이 속한 집단의 구성원으로 살아가면서 그 집단을 대표하는 사람들이 지닌 세계관·종교관·인간관에 따라서 자신의 일상적 삶의 방향이나 결정을 만들어간다. 특히 개인들이 속한 특정한 집단이 종교의 이름으로 구성된 것이라면, 그 집단의 지도자는 매우 중요한 역할을 한다. 그 지도자가 세계를 보는 방식은 정당성의 근원을 신이나 종교적 텍스트에 의존하면서 자신의 관점에 종교적 권위를 부여하기 때문이다. 따라서 영향력 있는 종교 집단의 지도자가 특정한 사회문제를 어떻게 보고 평가하는가는 그 한 사람을 넘어서 강력한 종교적·사회적 영향력을 행사한다.

세월호 참사 이후인 2014년 8월 26일, 염수정 추기경이 기자 간담회에서 프란치스코 교황^{Papa Francesco} 방한의 소감을 밝혔다. 전 세계적인 통일된 교회 구조를 유지하고 있는 가톨릭교회, 한국 가톨릭교회에서 가장 핵심적인 결정 기구 중 하나인 서울대교구장이자 추기경이라는 위치에 있는 종교 지도자의 발언은 그 파급 효과가 지대하다. 교황 방한 때 경험한 바대로, 거대한 종교 집단의 핵심에 있는 지도자의 발언은 이미 가톨릭이라는 한 종교 집단의 울타리를 훌쩍 넘어서는 것이다. 그런 지도자인 추기경의 발언 중 몇 가지만 살펴보자.

"다른 사람의 아픔을 이용하면 안 된다."
"정의를 이루는 건 하느님이 하시는 일이다."
"예수님도 난처한 질문을 많이 받았지만, 정치적 얘기는 안 하셨다."
"(나치 유대인 수용소에서) 수많은 사람이 억울하게 죽어갈 때 하느님은 어디 있었느냐고 하자, 작가는 이렇게 말한다. 하느님은 가스실에서 사람들이 죽어갈 때 제일 먼저 죽어서 연기와 함께 올라가셨다고. 세월호 문제도 마찬가지이다. 바로 인간의 문제이다. 누구 하나 책임자로, 동네북으로 몰아서 희생시켜서 되는 문제가 아니다."

"진심으로 복음의 삶을 살아야 한다."

염 추기경은 반쪽 진리를 전체 진리로 만드는 심각한 오류를 드러냈다. 만약 염 추기경의 발언이 100퍼센트 틀렸다면 사람들은 그 오류를 쉽게 지적할 수 있기에 큰 문제가 되지 않는다. 그 지도자의 말을 듣는 종교 집단의 구성원이나 일반인들에게 미치는 부정적 영향력을 염려할 필요가 없다. 그런데 문제는 그의 발언이 반쪽 진리를 담고 있었다는 것이며, 그의 발언에는 다음과 같은 문제가 있었다.

첫째, 연민의 신을 지극히 제한적으로 해석했다. 추기경은 홀로코스트 사건을 인용하면서 그 사건 속에서 고통당하는 이들과 함께하는 신의 모습을 제시했다. 이러한 '연민과 연대의 신' 개념은 홀로코스트 이후 다양한 신학자들이 제시하였다. 전통적인 '전지전능한 신'을 넘어서는 대안적 이해이다. 여기까지는 반쪽 진리를 담고 있다. 그런데 이 '연민과 연대의 신'을 강조하는 것은, 그 고통의 현장에서의 적극적인 인간의 책임성 및 연대와 연계해야 한다. 그럴 경우에만 나머지 반쪽이 채워져서 온전한 전체 진리가 될 수 있다. 타자의 고통을 보며 수동적으로 그저 '신이 함께한다'는 위로만을 전하는 것이 '연민과 연대의 신'의 핵심이 아니기 때문이다. 신의 정의를 이루기 위한 전제조건은 인간의 책임 있는 연대이다.

둘째, 예수를 탈정치화함으로써 종교의 탈정치화 또는 비정치화를 정당화하는 오류이다. '정치적'이라는 것은 정당정치와의 연계만을 의미하는 것이 아니다. 구조 및 제도적 관계에서만이 아니라 개인의 삶에서도 다양한 방식의 권력이 개입하고 작동한다. 이러한 맥락에서 개인적인 것은 이미 정치적이다. 예수는 인간의 생명을 위협하는 권력에 언제나 저항하였다.

예를 들어보자. 그 당시 절대적 법으로 지켰던 안식일에 예수는 매우 급진적인 저항을 한다. "안식일이 사람을 위해서 있는 것이지 사람이 안식일을 위해 있는 것이 아니"라는 예수의 선언은 절대적 종교권력과 권위에 도전하고 저항한 것이다. 영생에 관한 지혜를 듣기 위해 온 부자에게 "가진 것을 다 팔아서 가난한 사람들에게 주라"라는 것은 종교적 행위가 얼마나 구체적인 경제문제와 깊숙이 연관되어 있는가를 분명히 보여준다. 요즈음 식으로 예수의 말들을 분석하면 그는 매우 '위험한' 의식을 가지고 정치·종교·경제 구조에 저항하는 것이다. 아침에 온 사람이나 오후에 온 사람이나 모든 포도원 일꾼들에게 동일한 임금을 주는 이야기는 현대 자본주의의 관점으로는 오히려 매우 불공평한 방식이다. '업적'이 아닌 '필요'에 따라 품삯을 준다는 것은 자본주의보다 사회주의에 훨씬 가깝다. 능력이나 업적만이 보상의 기준이 되는 사회에서는 다수의 사람이 빈곤과 기아에 시달리게 된다. 한 사람의 업적만이 아니라 그 사람의 생존에 요구되는 '필요'에 따라 최소한의 보장을 하는 사회를 말하는 것은 종북 세력이 아닌 바로 예수이다.

셋째, 타자의 고통과 사회적 연대 및 책임을 외면하는 오류이다. 추기경은 다른 사람의 아픔을 이용하지 말라고 한다. 여기까지는 반쪽 진리이다. 그런데 이 발언이 정당성을 확보하려면 타자의 아픔을 이용하려는 사람들이 누구인지, 어떠한 방식으로 이용하는지, 그리고 어떠한 목적을 가지고 어떠한 이득을 취하기 위하여 이용하는 것인지 등 구체적인 정황과 근거들을 제시해야 한다. 그렇지 못할 때, 참사가 일어난 경위와 그에 따른 책임을 묻는 시민들의 연대를 다른 사람의 아픔을 이용하는 것으로 몰아갈 수 있기 때문이다. 추기경은 예수의 예를 들면서 자신이 정치적 발언은 하지 않겠다고 했지만, 이미 그의 발언은 세월호 유가족들과 그에 연대하는 광화문의 시민들 편이 아니라 권력이 더 많은 정부에 지지의 힘을 실어주는 '정치적' 발언이었다.

넷째, 복음의 삶과 하느님이 만든 본연의 모습에 관한 오류이다. 예수의 복음이란 무엇인가. 또 신의 형상대로 만들어진 본연의 모습을 회복한다는 것은 무엇인가. 예수의 복음을 따르는 삶이란 정의·사랑·평등·연대의 가치를 염두에 두고 책임 있는 삶을 살아가는 것이다. 예수의 복음은 선한 사마리아인의 비유에서 강도 만난 사람과 같이 곤궁에 처한 타자들, 사회적 약자들과 어떻게 내가 함께 살아가야 하는가를 제시하고 있다.

신이 창조한 본연의 모습을 회복하는 것은, 이 사회에 정의와 평등이 확보되어 평화로운 삶을 살아갈 수 있는 조건들과 밀접하게 연관되어 있다.

추기경과 같은 종교적 권위와 권력의 중심에 있는 지도자가 위와 같은 문제가 있는 발언을 하는 것은 전형적인 '반쪽 진리의 폭력성'을 드러낸다. 그 폭력성은 물리적 폭력처럼 눈에 보이는 것은 아니지만 많은 이들의 인식에 영향을 미침으로써 오히려 더 깊은 상처를 만들어낼 수 있다. 또한 그것은 신학적 오류를 양산하는 신학적 폭력이며, 다양한 방식으로 은밀히 상처를 받은 이들과 그들에 연대하는 사람들을 향한 상징적 폭력이다. 지금도 무수한 종교에서 주장하는 반쪽 진리의 폭력으로 여성·성소수자·장애인·빈곤층 등 다양한 모습의 사회적 약자들은 고통받고 있다. '반쪽 진리의 폭력성'을 비판적으로 성찰하는 것이 종교인들의 중요한 책임인 이유이다.

생명의 종교를 향한
혁명의 바람

2014년 8월 14일에서 18일까지 프란치스코 교황이 한국을 방문했다. 내가 프란치스코 교황에 개인적 관심을 가지기 시작한 것은, 그가 교황 취임 이후 역대 교황들과는 달리 찬란한 예복·호화스러운 집·좋은 차를 거절하고 아주 검소한 생활 방식을 택했다는, 미디어에서 보여주는 그의 기이한 행적들 때문만이 아니다. 바로 교황의 '얼굴' 때문이다. 전 세계에서 존중을 받는 위치에 있는, 어찌 보면 막강한 종교적 권력을 지닌 그의 얼굴이 담고 있는 따스한 연민의 시선과 순전한 웃음이 전해주는 인간적인 모습. 그 '탈교황적 교황'의 모습은 의례적이지 않았고, 상투성에서 나온 것도 아니었다. 그의 인간됨의 깊이를 고스란히 담고 있었다. 그의 연민의 얼굴은 그 어떤 외적 요소

3 - 연민의 종교를 위하여: 종교적 저항

들로 상실되는 것이 아닌, 교황이 되기 이전부터의 삶과 존재의 깊이에서 묻어나오는 부정할 수 없는 존재의 내음 같은 것이었다. 그런 교황의 방한을 계기로 한국의 종교들은 다음과 같은 세 가지 문제를 생각해보아야 하지 않았을까 한다.

첫째, 개신교 대 가톨릭의 극단적 대립화이다. 교황 방한 전 일부 개신교 지도자들의 주도 하에 "교황 방한 반대"라는 플래카드를 건 대대적인 집회가 곳곳에서 열렸다. 교황 방한 반대 집회를 결사적으로 하는 이들의 대부분은 가톨릭교회를 이단으로 몰거나 악마화하고 있으며, 가톨릭교회가 적그리스도라는 극도의 왜곡된 신학적 오류를 서슴지 않았다. 그 개신교도들은 표면적으로는 교황의 신격화·우상화에 반대한다고 하나, 실제로는 가톨릭 공격의 반대급부로 자신들의 종교권력을 확장하고자 한 것에 가깝다.

둘째, 교황 방문의 정치적 이용이다. 교황이 세계 곳곳의 나라들을 방문할 때마다 그가 누구를 만나는가는 종교적으로만이 아니라 정치적으로 매우 중요한 사건이다. 그가 만나는 사람들, 방문하는 공간들은 교황의 개인적 기호만이 아니라 가톨릭교회가 세계를 바라보는 관점들을 반영하며, 이 세계에 중대한 메시지를 전달하는 기능을 한다. 교황이 만나는 사람들이 자신들과 교황의 만남을 정치적으로 역이용하는 일이 있을 수 있다. 대표적인 예로, 교황이 의전상 만나게 될 대통령과의 만남이 정부의 세월호 참사와 관련된 다양한 사회·정치·도덕적 오류와 불의함을 무마시키는 정치적 지지나 보증의 의미로 이용되어서는 안 되는 것이다.

셋째, 제도화된 종교로서의 교회를 맹목적으로 미화하는 것이다. 종교의 존재 의미는 제도나 교리 또는 조직 그 자체에 있지 않다. 진정한 종교란 자신을 사랑하듯 타자를 향한 연대·환대·책임을 가져야 한다는 것이 예수의 다양한 가르침이 공통으로 지니고 있는 핵심적인 메시지다. 예수는 종교가 아니라 타자를 향한 연민과 사랑, 그리고 책임과 연대를 가르쳤다. 그런데 정작 등장한 것은 '제도화된 종교'로서의 교회이다. 인류의 역사 속에서 교회들은 타자들을 향한 폭력·무관심·정죄와 배제를 자행하면서 무수한 죄의 역사를 반복해왔다. 교황의 방한으로 가톨릭교회는 물론, 어떤 특정한 교회나 종교들의 교리적 또는 실천적 오류의 가능성까지 미화되고 이상화되는 것은 안 된다. 교황은 그 화려하고 높은 직제에도 불구하고 여전히 한 인간이다. 인간이 만든 여타의 제도화된 종교들은 인간의 해방과 억압이라는 상충적 기능을 해왔다. 이러한 사실을 인식하는 것은 한 종교적 직제나 구조들을 단순히 자신들과 다르다고 이단시하고 정죄하거나, 반대로 맹목적으로 미화하고 절대화하는 것으로부터 우리를 보호한다. 이러한 우려를 넘어서 종교가 지향해야 할 방향에 관한 물음들을 성찰해보자.

첫째, 종교를 종교답게 하는 것은 무엇인가. 지난 2014년 4월 부활절 전 교황은 이전 교황의 행보와는 전혀 다른 혁명적 세족식을 거행했다. 어찌 보면 연례행사로서의 한 상투적 예식일 수도 있는 이 세족식이 세계의 많은 이들에게 충격적으로 다가온 것은, 그가 선택한 사람 열두 명 때문이다. 이 세족식의 장소가 소년원이었다는 사실, 참석한 이들 중에 장애인들이 다수 있었다는 사실, 남성만이 아닌 여성도 포함되었다는 사실, 그리스도교인만이 아니라 이슬람교도도 있었다는 사실, 나이대도 16세부터 86세까지 다양했다는 사실, 이러한 사실들은 매우 중요한 종교적 메시지를 담고 있다. 동성애자에 관한 기자의 질문에서 그가 답한, 신이 아닌 인간인 자신이 "도대체 누구를 정죄할 수 있는가?"라는 의미의 선언은 교황이 현대사회에서 신의 이름으로 벌어지고 있는 다양한 억압과 배제의 문제에 경종을 던졌던 것이다. 프란치스코 교황이 보여주고 있는 사회적 약자들과 주변부인들을 향한 관심은 이미 세계적인 관심을 받고 있으며, 종교의 진정한 모습이 무엇이어야 하는지 비판적 성찰을 하게 한다.

둘째, 진정한 인류의 일치를 위한 종교의 역할은 무엇인가. '교회의 일치'라는 우선적 목표를 가지고 전개되어온 '일치운동 ecumenism'의 궁극적 목표는 '인류의 일치'이다. 일치운동의 궁극적 목표는 결국 교회의 하나됨만이 아니라 우리가 몸담고 있는 사회와 이 세계 안에서 어떻게 진정한 의미의 정의와 평화와 평등이 사람들 간에 이루어지고 있는가에 관한 관심이 되어야 한다. 프란치스코 교황이 이미 그의 다양한 행적에서 보여준 바,

인류의 일치라는 커다란 비전을 가진 그의 방한이 한국사회의 크고 작은 공간들에서 인류의 일치를 향한 새로운 발걸음을 내딛게 되는 계기가 되었기를 바란다.

셋째, 종교의 존재 의미는 무엇인가. 종교의 존재 의미는 배제와 억압이 존재하는 이 세계에 '포용의 원'을 점진적으로 확장하는 것이다. 어떤 특별한 사건의 의미는 객관적으로 존재하는 것이 아니라 창출되고 만들어가야 하는 지속적인 프로젝트이다. 이러한 의미에서 보자면 교황의 방한 그 자체에 이미 고정된 어떠한 절대적 의미가 저절로 생기는 것은 아니다. 교황의 방한 의미는 교황을 막강한 종교적 권력의 절대적인 화신으로 확인하는 사건으로서가 아니라, 그 스스로가 보이는 종교권력의 상대화와 탈교황화 등의 행보가 지닌 복합적인 의미가 하나의 지속적인 프로젝트로 한국 종교와 사회에 남게 되는 것이어야 한다.

교황의 방한을 계기로 한국사회와 종교가 주변부 사람들을 위해 연대하고 정의·평등·평화를 확산하는 열정을 다질 수 있었기를 바란다. 그래서 '우리'라는 울타리가 성별·계층·교육배경·종교적 배경·성적 지향 등을 근거로 배타적으로 형성되지 않고 다양한 배경을 가진 이들을 모두 끌어안을 수 있을 때까지 포용의 원을 조금씩 넓혀가는 작업을 해야 할 것이다. 종교권력의 확장을 위한 담론과 실천을 양산하는 데 주력하는 제도화된 종교의 담을 넘어설 새로운 종교의 출현이 절실히 필요하다. 새로운 종교, '종교 없는 종교'는 타자를 향한 연민·책임·연대를 그 중심에 두는 '생명의 종교'이다. 한국의 작은 귀퉁이들에서라도 종교적 혁명의 바람이 일어나기를 기대한다.

종교는
'구원 클럽'이 아니다

많은 기독교인들이 자신의 신앙에서 가장 중요한 것으로 생각
하는 것이 있다. 최후 심판과 구원이다. 이들 기독교인이 신봉
하고 있는 절대적 공식은 '예수를 믿지 않으면 최후 심판을 받
을 때 지옥에 떨어지며, 구원을 못 받는다'는 것이다. '예수를
믿는 것'이란 교회에 교인으로 등록하고, 예수만이 구주라고 고
백하며, 열심히 헌금하고, 전도하고, 교회에 나가는 것이다. 그
런데 그토록 열광적으로 예수를 외치는 이들이 정작 '예수는
과연 최후 심판을 어떻게 가르치는가'라는 물음조차 갖지 않는
다. 물음의 부재는 종교를 '구원 클럽'의 회원권을 얻는 곳으로
변질시킨다. 자신이 살아가는 사회에서 일어나는 일에는 무관
심하고 오로지 자신의 구원에만 집착한다. 종교란 이기적 개인

들의 구원 클럽이 아니다. 예수의 가르침이다.

예수는 기독교인들이 절대적 공식처럼 외우는 '예수 천당, 불신 지옥'과 연결되는 최후 심판과 관련하여 전혀 다른 가르침을 준다. 예수가 들려주는 최후 심판에는 종교·교회·신앙·불신·헌금 등과 같은 종교적 개념이 전혀 등장하지 않는다. 예수가 전해주는 최후 심판의 이야기를 살펴보자. 최후의 때가 되면 대심판관(신)이 모든 사람들을 두 집단으로 분류한다. 한 집단은 구원을 받고, 다른 집단은 영원한 형벌을 받는다. 여기까지는 많은 기독교인들이 공식처럼 외우는 최후 심판의 결과와 유사하다. 그런데 이렇게 두 집단으로 나누는 기준은 기독교인들이 절대적인 것으로 주장하는 내용과 완전히 상반된다.

예수는 최후 심판의 여섯 가지 기준을 예시한다. 내가 굶주릴 때 먹을 것을 주었는가, 목마를 때 마실 것을 주었는가, 이방인이 되었을 때 환대하였는가, 헐벗었을 때 입을 것을 주었는가, 병들었을 때 돌보아주었는가, 감옥에 갇혔을 때 찾아주었는가. 이러한 최후 판결이 나오자 양 그룹의 사람들은 각기 최후 심판관에게 묻는다. 구원받을 집단으로 들어간 사람들은 "내가 언제 당신이 곤경에 처했을 때 도움을 주었는가"라고 물으며 자신들의 업적에 의구심을 제기한다. 반면 영원한 형벌을 받을 집단에 들어간 사람들은 "도대체 언제 당신이 그런 어려움에 처했었는가. 우리가 알았다면 당신을 돌보지 않았을 리가 없다"라고 강력히 항의한다. 그때 최후 심판관으로 상정되는 신은 그들에게 "가장 작은 사람들, 가장 사람 같지 않아 보이는 사람들에게 한 것이 곧 나에게 한 것"이라고 답변한다.

최후 심판관의 응답은 두 가지 점에서 매우 혁명적이고 급진적이다. 첫째, 최후 심판의 기준에는 종교적 소속이나 교리적 고백 등의 항목이 전혀 들어가 있지 않다. 둘째, 더 혁명적인 것은 스스로 대변할 수 없는 사회의 약자들, 절대적 희생자들과 같은 보잘것없는 사람들에게 하는 것이 바로 신(최후 심판관)에게 하는 것과 똑같다고 선인하는 점이다. 신이나 예수가 제도화된 종교적 교리나 교회 같은 종교 공동체 속에서가 아니라 사회의 가장 어두운 곳, 최소한의 기본적인 생활 터전도 없는 노숙인들과 같은 주변부인들 또는 다양한 차별과 억압의 감옥에 갇혀 있는 소수자들의 모습으로 현존한다는 것이다. 예수가 들려주는 최후 심판의 기준에는 '예수를 구주로 믿는가'라는 기독교 공식과 같은 내용이 전혀 없다. 다만 약자로 살아가는 이들과 내가 어떠한 관계를 맺고 있으며, 어떠한 연대와 책임을 나누며 사는가가 바로 최후 심판의 가장 핵심적인 기준일 뿐이다.

예수가 제시한 최후 심판의 여섯 가지 기준은 사실상 매우 복합적인 물음들을 우리에게 던지고 있다. 예를 들어 현대 사회에서 '굶주린 사람'들은 누구이며, 그들에게 '먹을 것을 주는 것'은 무엇을 의미하는가. 여섯 가지 항목은 정치·경제·사회보장제도 등 우리 삶의 다층적인 측면들과 연결되어 있다. 내가 만난 독일의 많은 기독교인들은 현대사회에서 '굶주린 사람들에게 먹을 것을 주는 것'은 세금을 잘 내서 국가가 사회보장제도를 통해 먹을 것을 주고, 마실 것을 주고, 입을 옷을 주고, 난민·이방인을 환대하는 것과 같은 일들을 수행하도록 하는 것으로 생각했다. 고액의 세금을 탈루하지 않고 납부하고, 국가가 그 세금으로 다양한 이웃 사랑을 할 수 있는 통로들을 마련하도록 하는 것으로 여긴다는 것이다. 기독교인들은 종교적 정체성의 중심에 있는 예수가 보여주는 '여섯 가지 최후 심판의 기준'이 21세기 현대사회에서 어떠한 의미가 되는지 지속적으로 묻고 고민해야 한다. 왜냐하면 그 기준들은 매우 복합적인 정황 속에서 적용되어야 하기 때문이다. 이런 의미에서 예수는 '해답'이 아니라 '물음'을 던져주고 있다.

예수의 언어들은 복합적인 메타포로 구성되어 있다. 따라서 예수의 가르침을 문자 그대로 해석하면 그 가르침의 심오한 의미를 왜곡하게 된다. 예수와 3년을 동고동락했다는 예수의 제자들조차도 예수의 말과 행동을 진정으로 이해하지 못하곤 했다. 요즘으로 치자면 박사 학위를 가진 사람일 니고데모 Nicodemus도 예수가 쓰는 메타포적 언어를 이해하지 못했다. 예수가 그에게 "다시 태어나라"라고 했을 때, 그는 그 메타포적 의미를 전혀 이해하지 못하고 생물학적으로만 해석하면서 난감해한다. 한나 아렌트는 이 다시 태어남의 의미를 '네이탈리티 natality', 즉 '탄생성'이라는 의미로 해석하고 사회·정치·철학·신학적 세계와 연계시킨다. 이러한 예수의 메타포적 언어 사용의 맥락에서 보자면, 예수의 최후 심판 이야기에서 '최후'라는 종말론적 표현은 달력의 시간인 크로노스적 최후를 가리키는 것이 아니다. 즉 인간의 생물학적 죽음 이후가 아니라 '지금 여기'에서도 그 최후 심판은 진행되고 있다는 것이다. 이러한 맥락에서 볼 때 신이 인간에게 던진 커다란 질문, "너의 형제와 자매가 어디 있느냐"라는 〈창세기〉에서의 물음은 예수의 이 최후 심판의 내용과 깊숙이 연결되어 있다.

종교적 사유를 인문학적 사유로부터 분리하는 것은 인류의 역사에서 종교가 저질렀던 억압과 폭력의 사건들을 만들어 내었다. 십자군전쟁, 마녀화형, 홀로코스트, 노예제도, 서구 식민주의, 남아공의 인종차별 정책, 여성 혐오, 동성애 혐오 등 세계 곳곳에서 벌어진 억압과 차별의 역사를 기독교인들이 자행했다. 그러한 억압과 폭력은 신의 이름으로, 성서의 이름으로 정당화되었다. 기독교인들이 절대화하는 자명한 진리가 많은 경우 인식의 오류와 해석의 한계를 담고 있음은 바로 이러한 죄의 역사가 증명한다. 성숙한 종교인이란 비판적으로 사유하는 것을 멈추지 않는 이들이다. 또한 자신의 종교적 신념이 타자와 함께 살아가는 이 세계 안에서 어떠한 적절성을 가지는가를 끊임없이 성찰하는 이들이다. 예수가 최후 심판에서 단호하게 제시하는 '구원'은 우리의 구체적인 정치·경제의 제도적·공적 차원은 물론, 내가 타자들과 함께하는 사적이고 개인적인 차원의 삶과 분리 불가한 문제이다. 사도 바울[Paulus]이 "두려움과 떨리는 마음으로 너 자신의 구원을 이루어 나가라"라고 한 것을 기독교인들은 진지하게 성찰해야 한다. 구원은 종교적 상품이 아니기 때문이다. 기독교가 맹목적인 '구원 클럽'의 의미만을 지닐 때 기독교는 이 사회에서 그 존재 의미를 상실하게 되며, 동시에 예수 정신에 정면으로 역행하는 종교가 될 것이다.

성소수자,
예수라면 어떻게 할 것인가

성소수자 문제가 한국사회에서도 표면으로 부상하고 있다. 아직도 충분한 공적 논의를 하는 단계는 아니지만 다양한 자리에서 성소수자 문제를 다루기 시작했다. 그런데 한국사회에서 성소수자 이슈가 등장하는 행사가 있을 때마다 매우 폭력적인 공격을 하는 그룹이 있다. 바로 근본주의 신앙을 지닌 일부 개신교도들이다. '혐오 전사'가 되고 있는 것이다. 그런데 그들이 생각하듯이 동성애는 과연 죄인가.

이 문제는 우선 '죄란 무엇인가'라는 근원적인 물음에서부터 시작해야 한다. 기독교 2,000년의 역사에서 죄를 다양하게 규정해왔고 그 내용도 바뀌어왔다. 예를 들어 지구가 평평한 것이 아니라 둥글며 돈다는 지동설과 같은 과학적 사실을 주장하는 것도 교회가 규정하는 죄의 범주에 들어가던 시기가 있었다. 여성들이 공공장소에서 여성과 남성 모두에게 설교하는 것도 죄로 간주되어 마녀로 몰려 처형당하던 시기가 있었다. 결혼한 부부가 출산이 아닌 성적 즐거움을 위하여 성관계를 하는 것도 죄라고 교회가 규정하던 시기가 있었다. 즉, 죄를 규정하는 것은 아무리 성서와 교회의 권위를 빌린다 해도 결국 인간이 지닌 인식론적인 한계에 따른 왜곡된 성서 해석, 그리고 시대적인 가치관에 기반을 둔 경우가 많다는 것이다.

성서는 억압의 전통과 평등적 해방 전통이 공존하는 책이다. 성서가 지닌 상대적 의미로부터 시대를 초월하는 절대적 의미를 구분해내는 것이 중요한 이유이다. 예를 들어 성서에 '오병이어의 기적' 이야기가 있다. 그런데 이 이야기를 전하는 성서는 남자만을 계수하여 5,000명이 먹고 남았다고 기록하고 있다(〈마태복음〉 14장 21절, 〈마가복음〉 6장 44절). 사람 수를 셀 때 여성과 아이들을 배제했다는 사실은 그 시대적 정황을 드러내는 상대적 의미를 지닌다. 반면 보리떡 다섯 개와 물고기 두 마리라는 아주 작은 것으로부터 인간의 계산과 예측을 뛰어넘는 사건이 일어나는 것이 가능하다는 의미의 '기적의 가능성'은 절대적 의미를 담고 있다. 상대적 의미를 절대적 의미로부터 구분하지 못할 때, 여성과 아이를 부차적인 존재로 간주하는 오류를 범하게 된다.

1973년 '미국 정신의학회'의 공식적 연구 결과 발표 이후,

인간의 섹슈얼리티는 개인의 선택이나 질병이 아니라 타고난 지향이라는 것이 밝혀졌다. 그런데도 여전히 성서에서 몇 구절을 인용하여 왜곡된 해석을 절대화하며 동성애를 씻을 수 없는 죄라고 정죄하고 혐오를 부추기는 이들이 있다. 성소수자 문제가 사회정치적인 주제만이 아니라 종교적 주제인 이유이다. 근본주의적 성서 해석을 하는 일부 개신교인들의 성소수자 혐오는, 종교가 이 세계에서 수행해야 할 역할을 정면으로 왜곡시키고 있다. 그뿐 아니라 그들이 구주라고 고백하는 예수의 정신을 배반하는 행위이다. 성소수자 혐오는 성소수자들의 한 인간으로서의 권리를 부인하는 것이며, 차별을 강화하는 행위이다. 자신과 다른 타자를 향한 혐오야말로 예수 정신에 비춰봤을 때 '죄'인 것이다.

기독교인을 간결하게 정의하자면 '예수 그리스도를 따르는 사람'이다. 따라서 기독교인이라는 종교적 정체성을 지니고자 하는 사람이라면 무엇보다도 '예수의 정신이 무엇이며 예수라면 어떻게 할 것인가'를 성찰해야 한다. "예수라면 어떻게 할 것인가?What would Jesus do?"라는 말은 1896년 찰스 셸던Charles Sheldon이라는 목사가 자신의 설교를 묶은 책인 《예수의 발자취를 따라서In His Steps》의 부제로 사용했던 것이다. 이후 이 표현은 'WWJD'라는 약자로 대중화되면서 기독교인들에게 던지는 중요한 물음이 되곤 했다. 노골적인 성소수자 혐오가 특히 일부 개신교도를 중심으로 점점 기승을 부리며 폭력화되는 한국사회에서, 그들이 구주로 고백하는 예수라면 과연 성소수자를 어떻게 할 것인가를 비판적으로 성찰하는 것은 긴급한 과제이다.

동성애를 저주하고 죄라고 주장하는 기독교인들이 종종 인용하는 성서 구절은 〈창세기〉 14장, 〈레위기〉 18장 22절과 20장 13절, 〈로마서〉 1장 27절, 〈고린도전서〉 6장 9절에서 10절, 〈디모데전서〉 1장 10절, 〈히브리서〉 13장 4절 등이다. 이것들을 살펴보면 매우 흥미로운 사실을 알 수 있다. 첫째, 성소수자 혐오에 인용되는 구절 중 정작 예수로부터 나온 것은 하나도 없다는 사실이다. 만약 동성애가 그렇게 심각한 죄였다면 왜 예수는 그 문제를 전혀 언급하지 않았을까. 둘째, 성소수자 혐오의 근거로 인용되는 성서 구절 중 그 어느 것도 여성과 여성끼리의 관계, 또는 트랜스젠더에 대한 언급은 없다는 것이다. 물론 이 점은 성서의 배경이 극도로 가부장적인 시대였음을 드러내는 것이지만, 문자 그대로 성서 해석을 하는 사람들에게는 논리적 오류가 된다. 성서를 문자 그대로 해석하고자 한다면 레즈비언이나 양성애는 성서에 언급되지 않았으니 죄가 아니라고 할 수 있다. 게다가 지금 우리가 사용하는 '동성애homosexuality'라는 말이 독립된 개념으로 등장하게 된 것은 19세기이다. 즉 성서가 쓰인 시대에는 물론 19세기 이전까지는 동성애라는 것이 분명한 개념으로 형성되지 않았다.

예수의 가르침이 제시하는 핵심적 메시지는 사랑·환대·연민·연대라고 할 수 있다. 타자를 사랑하는 것과 신을 사랑하는 것이 동일한 것임을 예수는 그의 말과 행동으로 분명하게 전했다. 이러한 예수 정신을 분명하게 담고 있는 〈마태복음〉 25장은 '최후의 심판'으로 불리는 텍스트이다. 예수가 소위 최후 심판의 여섯 가지 기준을 제시하는 이 텍스트는 심오한 종교적·사회정치적·윤리적·철학적 깊이를 담고 있으며 다음과 같다. 첫째, 최후 심판의 기준에 우리가 생각하는 종교적 항목은 전혀 없다. 개인의 종교가 무엇인지, 기독교 교리를 믿는지, 교인 등록을 했는지 등 흔히 교회에서 가르치는 구원 조건은 없다는 것이다. 둘째, 죄의 개념을 근원적으로 급진화한다. 악한 일을 '하는 것'만이 죄가 아니라 '해야 할 것을 안 하고 생략하는 것'도 죄라는 것이다.

최후 심판과 그에 따른 구원·영생이나 영원한 형벌이 결정되는 절대적 기준으로서의 '해야 할 것'은 여섯 가지다. 타자가 굶주릴 때 먹을 것을 주는 일, 목마를 때 마실 것을 주는 일, 나그네와 이방인을 환대하는 일, 헐벗을 때 입을 것을 주는 일, 병들었을 때 돌보는 일, 그리고 감옥에 갇혔을 때 찾아주는 일이다. 영원한 형벌을 받도록 결정된 이들이 "내가 언제 당신이 그렇게 되었을 때 외면했는가"라고 이의를 제기하자 예수는 "가장 보잘것없는 이들에게 하는 것이 곧 나에게 하는 것"이라고 답을 한다. 예수는 '종교'가 아니라 '내가 타자와 어떠한 관계 속에서 살아야 하는가'를 가르치고 있다. 예수 정신의 핵심을 담고 있는 이 텍스트는 연민·사랑·배려·환대가 바로 가장 중요한 가치이며 실천이라는 것을 최후 심판이라는 강력한 언어로 명시하고 있는 것이다. 성서를 거론하며 자신과 성정체성이 다르다는 이유로 그들을 향한 혐오와 폭력을 정당화하는 것을 예수가 본다면 어떻게 반응할 것인가.

성소수자, 예수라면 어떻게 할 것인가. 나의 답은 간단하다. 예수는 성소수자를 포함하여 누군가를 그렇게 혐오하고 정죄하는 것을 단호하게 거부할 것이다. 또한 그들이 인간으로서의 모든 사회정치적이고 종교적인 권리를 누릴 수 있도록 연대할 것이다. 데스몬드 투투Desmond Tutu 주교는 "나는 동성애 혐오적인 천당에 가기를 거부하겠다. 나는 신이 만약 동성애 혐오자라면 그러한 신을 예배하지 않겠다"라고 하면서, 남아공의 인종차별 정책에 저항하여 싸우는 것과 동성애 혐오에 저항하고 싸우는 것은 동일한 차원이라고 강조했다. 동성애 혐오 사상을 주장하는 기독교인들은 투투 주교의 선언을 다시 생각해보아야 한다. 예수는 모든 인간이 신의 형상으로 만들어진 고귀한 존재임을 인정하고, 이웃은 물론 원수 등 모든 타자들과 사랑과 연민과 환대를 나누는 삶을 살아야 한다고 가르치고 있다. 여기에서 종교적 저항의 중요한 근원은 종교적 상상력이다. 예수는 성소수자들의 곁에서, 성소수자들을 향하여 폭력적인 혐오를 던지고 있는 '예수 믿는 이들'을 연민의 눈으로 바라볼 것이다.

물음표를 부활시키라

'인간은 왜 사는가'라는 물음에 누구에게나 통용되는 보편적인 답은 없다. 왜냐하면 이 물음의 답을 어디에서, 또 누구에게서 찾아야 할지가 객관적인 자료로 나올 수 없기 때문이다. 그누구도 이 세계에 던져진 우리의 삶을 객관화하여 그 목적이나의미를 나열할 수 없다. 그럼에도 인류의 역사에서 사람들은이 대답될 수 없는 물음을 끊임없이 묻는다. 세련된 분석과 언어를 통해서든지 투박하고 정리되지 않은 언어를 통해서든지사람들은 자신이 '왜 이 삶을 살아야 하는가'라는 의미 물음을묻는다. 종교가 들어서는 지점이다.

사무엘 베케트Samuel Beckett의 노벨상 수상작인 《고도를 기다리며》는 "아무것도 된 일이라곤 없어"라는 말로 시작한다. 디디^{Didi}라고 불리는 블라디미르^{Vladimir}와 고고^{Gogo}라고 불리는 이스트라곤^{Estragon}은 어느 시골길에 서 있는 나무 밑에서 '고도^{Godot}'를 기다린다. 이 희곡의 표면적 구성을 보면 1막과 2막이 거의 유사하며 지극히 단조롭다. 디디와 고고가 단둘이 이야기를 나누면 뒤이어 포조^{Pozzo}와 럭키^{Lucky}가 등장하여 이들과 이야기를 하고 사라진다. 그리고 하루가 끝나갈 무렵이면 남자아이가 등장하여 "오늘은 고도가 오지 못하지만 내일은 올 것"이라는 메시지를 전하고 떠난다. 그 뒤 다시 홀로 남아 고도를 기다리는 디디와 고고. 그들이 언제부터 고도를 기다렸는지, 언제까지 기다릴 것인지, 오지도 않는 고도를 기다리느라고 멀리 떠나지 못하고 왜 끊임없이 다시 그 자리로 되돌아오는지, 또는 도대체 고도가 누구인지를 그들은 알지 못하며 알려고 하지도 않는다. 중요한 메시지를 가지고 있다는 고도를 기다리지만 정작 그 중요한 메시지가 무엇인가는 알지 못한 채, 끝없는 기다림 그 자체가 그들의 삶이 되어버린다. 표면적인 단순성에도 불구하고 등장인물들이 나누는 대화는 우울하고 복잡한 삶의 이야기들이며, 그들은 그 무거운 이야기들을 가벼운 코미디처럼 던지고 있다.

1막에서는 시각장애인이 아니었는데 2막에서는 장애인이 되어 나오는 포조에게 디디가 언제부터 맹인이 되었느냐고 묻자 포조는 "나에게 묻지 마. 시각장애인에게는 시간 개념이 없어"라고 말한다. 고도의 메신저인 소년도 그가 이전에 이곳에

왔는지 기억이 전혀 없다. 우리가 그토록 집착하고 매달리고 있는 시간이란 사실상 아무런 의미를 주지 않음을 보여준다. 무의미성의 시간 위에서 펼쳐지는 인간의 삶이란 무의미할 수밖에 없다. 2막에서 디디와 고고는 그 공허한 기다림으로부터 벗어날 수 있는 유일한 방법은 죽음이라는 것을 알아차린다. 그래서 자살을 시도하려고 하지만 단호한 용기가 없어서 자살을 선택하지도 못한다. 그들의 기다림은 다시 끝도 없이 계속된다.

《고도를 기다리며》가 주는 것은 답이 아니라 물음들이다. 방랑자 같은 두 사람이 정체불명의 고도를 기다리는 끝없는 기다림의 공백을 메우기 위하여 나누는 무수한 이야기들은, 삶의 의미를 묻는다는 힘겨운 과제와의 대면을 애써 회피하려는 인간의 모습을 담고 있다. 그런데 이 비극적인 코미디 같은 《고도를 기다리며》는 우리의 일상적 세계를 돌연히 넘어 살아있음의 의미는 무엇인가와 관련한 근원적인 물음들을 던진다. 다람쥐 쳇바퀴 도는 듯한 이 삶의 의미를 돌연히 돌아보게 하는 물음들, 우리가 삶의 최상의 목적으로 설정했던 것들로부터 단호히 자신을 분리해서 그것을 진지하게 성찰할 수 있는 물음들, 바로 그러한 물음들을 던지고 있는 것이다.

종교는 바로 이러한 상투적 일상성에 저항하는 것이다. 즉 상투화된 삶에 제동을 걸고, 자신이 하고 있는 일을 왜 하는가라는 의미 물음으로의 초대이다. 이러한 의미에서 종교란 '해답'이라기보다 '물음'이다. 좋은 물음이란 심오한 세계로의 초대장과 같다. 신실한 종교인이란 다른 말로 하면 단답형의 정답이 아니라 심오한 세계로 인도하는 좋은 물음을 찾고 그 물음들과 치열하게 씨름하는 이들이다. 물음표를 제거한 종교, '예'와 '아멘'만을 강요하는 종교는 사유를 제거하는 종교이며, 맹목적인 종교적 이데올로기만을 주입시키는 프로그램일 뿐이다. 획일적인 정답을 교리화해서 암기하게 하고 물음 묻는 이들을 '신앙 없는 이들'로 규정하는 종교는 박제화된 종교이다.

고도가 무엇을 상징하는지 저자도 등장인물들도 말하지 않는다. 사람들은 고도Godot가 '신God'이거나 '희망'일 것이라고 짐작해볼 뿐이다. 그러나 분명한 것은 고도의 출현이 무의미성의 삶을 의미의 삶으로 변화시킬 것이라는 환상에 고고와 디디는 매달리고 있다는 것이다. 즉, 외부로부터 오는 어떤 것으로 구원받을 수 있을 것이라는 환상이 고고와 디디를 그 끝없는 기다림 속에 붙잡아매고 있다. 그러나 고도는 그 모습을 드러내지 않고 "오늘은 오지 않지만 내일은 올 것이다"라는 공허한 메시지만이 반복되어 전달된다. 그렇다면 삶의 유의미성의 표지, 희망과 구원의 표지를 우리 자신 외부에서 객관적으로, 그리고 수동적으로 찾고자 하는 시도들 자체에 물음표를 던져야 한다. 희망이나 구원은 나 자신 밖의 어떤 것이 나에게 그저 던져주고 나는 그것을 앉아서 받으면 되는 것이 아니기 때문이다. 나무 밑에서 하염없이 고도를 기다릴 수는 없는 것이다. 그렇지만 고도가 결코 오지 않으리라는 것을 어렴풋이 알아차린 후 그 끝없는 기다림의 거리를 떠나고자 마음먹고, "이제 이 자리를 떠나가자"라고 서로 말하면서도 결국 조금도 움직이지 못하고 그 자리에 머물러 있는 소심하고 비겁한 듯한 디디와 고고는 우리의 모습을 닮았다.

우리의 삶을 유의미하게 만드는 것은 종교적 교리나 고정된 예식이 아니다. "예수 천당, 불신 지옥"과 같이 종교가 던져주는 희망과 구원에 대한 정형화된 정답은 더더욱 아니다. '인간은 왜 사는가'라는 깊은 의미 물음에 '신께 영광을 돌리기 위하여'라고 단답형으로 조성된 종교적 도식으로 인간의 삶이 지닌 무수한 어둠의 심연, 부조리의 그늘, 절망스러운 공허함으로부터 구원받을 수 있는 것은 아니다. 우리 삶의 희망과 구원의 의미는 '고도의 출현'으로 우리 자신 밖에서 그저 던져지는 것이 아니라, 자신의 온 존재를 바칠 수 있는 의미를 주는 그 어떤 것을 '스스로' 찾아내 그것에 자신의 삶을 기꺼이 던지는 그 치열함으로만 가능할 것이다.

삶의 무의미성과 유의미성의 경계에서 우리가 어느 쪽으로 발을 디딜 것인가의 문제는 우리 스스로 치열하게 씨름해야 한다. 이러한 여정에서 끊임없이 던져지는 물음들을 귀하게 여기는 종교, 근원적인 물음들과 대면하게 하는 용기를 주고 그 물음의 잠정적 답들을 찾기 위한 각자의 고독한 여정에 동반하는 종교, 이러한 종교만이 박제화되지 않고 생명력을 끊임없이 지니게 된다. 나무 밑에 앉아서 맹목적인 기다림 속에 잠겨 있는 이들에게 고도는 나타나지 않는다. 오히려 그 기다림의 나무 밑을 단호히 떠나서는 길목에서 어쩌면 우리는 고도와 순간의 조우라도 하게 될 수 있을지 모른다.

진정한 물음 묻기를 해야만 종교가 담고 있는 삶의 의미성에 대한 통찰이 비로소 살아있는 의미로 우리에게 다가올 것이다. 그 치열한 물음 묻기의 여정에서 우리는 불필요한 집착으로부터 조금씩 벗어나 진정한 의미의 세계에 자신을 던질 수 있는 열정을 지니게 될 것이다. 진정한 변화는 해답을 주는 이들이 아니라 새로운 물음을 묻는 이들에게서 온다. 상투성에 저항하라. 정형화된 종교적 공식의 감옥으로부터 벗어나라. 그리고 자신의 희망과 구원을 위하여 치열하게 씨름하라. 사라진 물음표를 종교가 부활시켜야 하는 이유이다.

종교,
그 불가능성을 향한 열정

종교가 무엇인지를 규정하는 것은 불가능하다. 인류 문화에는 유대교·이슬람교·기독교·불교·유교·도교 등 제도화된 종교들이 있는가 하면 고대 종교·민속 종교·유신론적 종교·다신론적 종교·신비 종교·무신無神 종교 등 셀 수 없이 많은 종교가 있다. 또한 같은 이름의 종교라고 해도 그 종교는 단일한 집합체가 아니다. 한 종교 안에도 셀 수 없이 많은 다양성이 존재한다. 이러한 의미에서 보자면 종교에 관하여 말한다는 것은 바닷가에서 한 줌의 모래를 움켜쥐고서 그 한 줌을 말하는 것과 같이 지극히 부분적일 뿐이다. 이렇게 광범위한 범주로서의 종교를 말하는 것은 이미 '일반화'라는 위험 요소를 지닌다. 그럼에도 종교를 말하고 사유하는 것은 중요하다. 종교란 인간의 가장 근원적인 삶의 요소이기도 한, 인간 너머의 세계를 향한 인간의 갈망을 담고 있기 때문이다. 그렇다면 종교란 무엇이 되어야 하는가. 그 인간 너머 존재를 지시하는 종교는 어디에서 그 존재 의미를 드러내는가.

성 아우구스티누스는 이 '인간 너머의 존재', 즉 신에 관하여 다음과 같은 질문을 던진다. "내가 나의 신을 사랑할 때, 나는 무엇을 사랑하는가?" 이 유명한 질문은 '나는 신을 사랑하는가'라는 통상적인 질문이 주지 못하는 심오한 세계로 우리를 불러들인다. 이 질문의 답을 찾기 위해 씨름하는 것만이 종교의 의미를 조금씩 이해하는 통로에 한 발을 들여놓는 것이라고 나는 본다. 아우구스티누스의 신에 관한 질문은 "나는 나 자신에게 질문이 된다"라는 그의 자기 선언과 연결된다. 신을 사랑한다고 하는 이들, 인간 너머 존재를 갈망한다고 하는 이들이 갖는 종교적 감정은 '나'를 질문으로 간주하기 시작하는 것 없이는 불가능하다. 즉, 내가 나를 하나의 '물음'으로 보기 시작하는 것이다. 종교적 감정이나 갈망을 지닌 사람들은 그러한 종교적 감정을 지닌 '나'를 성찰해야 비로소 '나 너머의 존재'인 신에 대한 나의 이해와 자신의 종교를 연결할 수 있다.

인류의 보편 가치라고 할 수 있는 사랑·정의·용서·환대·연민 등은 종교 영역에서 그 의미가 심오해진다. 종교는 그 가치들의 두 가지 차원을 제시하고 있기 때문이다. 가능성의 차원과 불가능성의 차원이다. 예를 들어 데이트하고 있는 두 사람이 있다고 가정하자. 한 사람이 다른 사람에게 "당신은 나를 사랑합니까?"라고 물었는데, 상대방이 "글쎄요, 이런 경우에만, 저런 조건에서만, 그리고 이 정도까지만 사랑해요"라고 대답했다고 하자. 이 연인 관계는 잘 진행되지 않을 것이라고 쉽게 추측할 수 있다. 사랑이 어떤 척도와 조건들이 맞아야만 가능하다고 생각하는 한, 그 관계는 '사랑'이라는 이름을 지닐 가치가 없다. 진정한 사랑이란 조건 없이, 제한 없이, 계산 없이 이루어지는 것이기 때문이다. 사랑할 만한 모든 조건을 가진 사람을 사랑하는 것은 누구나 다 한다. 예수의 말씀이다. 사랑뿐 아니다. 용서할 만한 사람을 용서하는 것은 이미 '용서'라는 이름을 지닐 가치가 없다. 따라서 아무런 전제조건 없이 사랑하는 것, 용서가 불가능한 사람을 용서하는 것, 아무런 조건과 한계 없이 환대하는 것, 이러한 불가능을 향한 열정이 바로 종교이다.

여기에서 종교가 불가능성을 향한 열정이라고 할 때 그 불가능성이란, 가능성의 단순한 반대어로서의 불가능성이 아니다. 여기에서 불가능성은 인간이 기대하지 못하는 것, 예상 너머에서 일어난다는 의미로서의 불가능성이다. 전적으로 새로운 시작, 예상하지 못했던 가능성의 가능성을 의미한다. 계산 너머의 사랑과 용서란 우리가 예상할 수 있는 지평 안에서는 불가능하다. 내 속에서 내가 예측할 수 없었던 전적으로 새로운 나의 등장 가능성을 열어놓는 것, 이것이 바로 불가능성을 향한 열정이다.

만약 어떤 사람이 자신의 예상과 계산 속에서만 모든 것이 가능한 것으로 생각한다면 종교란 사실상 무의미하다. 종교는 언제나 우리가 계산하고 예상하는 그 가능성의 지평 너머의 것을 가리키고 있기 때문이다. '이제는 되었다'의 지평을 끝없이 뒤로 미는 것이다. 이것은 추상적인 언어유희가 아니며, 이 불가능성을 향한 열정을 유지하기 위하여 세 가지가 필요하다. 희망·믿음·사랑이다. 모든 것에 아무런 희망이 없다고 느낄 때 희망하는 것, 우리의 계산과 데이터가 불가능하다고 말해도 새로운 시작이 가능하다고 굳건히 믿는 그 믿음, 그리고 끊임없이 나의 예상과 측정 너머에서 나와 타자를 사랑하는 것, 이러한 희망과 믿음과 사랑이 종교의 핵심이다.

불가능성을 향한 열정으로서의 종교는 안전한 것이 아니다. 예측할 수 있는 가능성 안에 안주하는 것이 아니라 예측 너머의 가능성을 향한 믿음으로 새로운 삶, 새로운 자아, 새로운 관계에 대한 희망을 놓치지 않고 계산 너머, 나의 한계 너머의 사랑을 갈망하는 것이 바로 불가능성을 향한 열정으로서의 종교이다. 이렇게 불가능성을 향한 열정을 지닌 사람에게 '안전한 확실성'은 종교적 덕목이 아니다. 오히려 위험 요소와 불확실성에도 불구하고 '나 너머'의 가능성을 꿈꾸고 사랑하는 것이다.

신은 어느 날 아브람에게 "네 고향을 떠나라"라고 명령했다. 아브람이 75세였을 때다. 지금처럼 교통수단이 발달한 시대에도 아무런 예상 없이 익숙한 고향을 떠나야 하는 것은 참으로 엄청난 사건일 텐데, 아브람의 시대에 "고향을 떠나라"라는 명령이 얼마나 충격적인 것이었을지 상상하는 것은 어렵지 않다. 신은 아무런 이유를 설명하지 않았다. 아브람은 돌연히 자신의 안전성·확실성·예측 가능성의 공간을 떠나야 했다. 그리고 불안전성·불확실성·예측 불가능성의 공간으로 들어갔다. '아브람'이 '아브라함'으로 새롭게 탄생하는 지점이다. 예측 가능하고 안전한 고향으로부터 과감히 나왔을 때 아브람의 새로운 탄생, 본인도 예상하지 못했을 새로운 삶이 가능한 '불가능성의 가능성'이라는 순례가 시작된 것이다.

'종교'라는 이름이 비로소 그 의미를 지니게 되는 것은, 확실성과 정형화된 정답에 대한 나·우리의 저항이 꿈틀거리기 시작하는 지점에서이다. 사랑할 만하지 않은 것을 향한 불가능한 사랑을 꿈꾸기 시작하고, 용서할 수 없는 자를 용서하는 불가능한 용서를 꿈꾸기 시작하고, 불가능하다고 생각했던 새로운 삶을 꿈꾸기 시작하는 여정에 들어설 때, 비로소 종교가 그 생명성을 발하게 된다.

4 ——————— 희망적인 삶을 위하여

윤리적 저항

*
*
*

다른 동물과 차별화되는 인간의 독특한 점은
절망과 무의미성의 삶 한가운데에서 희망과
유의미의 세계를 갈망한다는 것이다. 인간만이
보다 나은 세계를 동경하고 추구하는 것이
절대적으로 불가능하다고 느낄 때 자살한다.
희망이란 인간의 삶에 의미를 부여하는
원동력이다. 희망은 낙관처럼 구체적인 사실과
자료에 근거한 '무엇 때문에'가 아니라, 그 눈에
보이는 조건들이 암담하더라도 '그럼에도
불구하고'의 가치로 작동한다.

(감히) 스스로 읽으라

시대와 공간을 초월하여 누구에게나 해당하는, 죽기 전에 꼭 읽어야 할 책이란 없다. 읽기에서 중요한 것은 '무엇'보다는 '어떻게' 읽는가이다. 읽기란 자기 자신만큼 읽는 것이다. 같은 책을 읽어도 각 개개인은 자신의 가치관·세계관, 그리고 자신이 씨름하는 물음들이나 살고자 하는 삶의 방향 등에 따라서 한 책으로부터 각기 다른 것들을 얻는다. 어떤 이는 니체로부터 심오한 생명철학을 찾아낸다. 반면 '나치주의의 공식 철학자'라고 일컬어질 만큼 니체의 글은 나치 사상을 뒷받침하는 것으로 읽히기도 한다. 성서는 노예제도·성차별·식민주의 등을 옹호하는 것으로 쓰이기도 하고, 반대로 모든 인간의 평등을 선언하는 근거로도 쓰인다. 왜 같은 책이 이렇게 상반된 방식으로 읽히는가. 그것은 읽기 행위가 읽는 사람의 가치관과 세계관이 담긴 해석 필터를 거쳐서 진행되기 때문이다. 읽기에서 '무엇'보다 '어떻게'가 더 중요한 이유이다.

언젠가 '페이스북' 최고경영자인 마크 저커버그[Mark Zucker-berg]가 읽었다는 스물세 권의 책 목록을 담은 '2015 마크 저커버그 추천 도서'가 매체에서 회자되었다. 대형 서점들에서는 '마크 저커버그 추천 도서'라는 특별 매대를 만들어놓고 책 판매에 열기를 돋우고 있었다. 또한 23권 중 한국어로 번역된 책들의 정보는 '죽기 전에 꼭 읽어야 할 책'이라는 제목으로 SNS 상에서 회자되었다. 개중에는 이 책 중에서 자신이 몇 권을 읽었거나 소장하고 있다는 이야기들이 빈번하게 등장했다. 몇 권이라도 읽은 사람을 향해 자신은 그 목록 중에서 하나도 못 읽었다고 말하는 자조적 댓글들도 쉽게 볼 수 있었다.

그런데 유명 인사의 추천 도서 목록에 소개된 책이라고 해서 그것이 나에게도 반드시 중요한 것은 아니다. 그렇게 생각한다면 그것은 그 권위와 권력을 가진 사람들의 지식 세계에 자신을 종속시키는 것과 같다. 나의 삶에 중요한 사람과의 고유한 조우가 있는 것처럼, 나와 특정한 책 사이에도 고유한 조우가 있다. 중요한 책이란 언제나 특정한 시간 및 공간과 연관된 것이다. 세계 곳곳에서 각기 다른 정황 속에서 매일 살아가고 있는 이들에게 그 시대와 공간을 초월한 '영원한 고전'이란, 그런 의미에서 허구적이다.

하나의 책은 거대한 도시와 같다. 큰 거리·작은 골목·유명한 장소·무명의 장소 등 무수한 공간들이 모여 있는 거대한 도시처럼, 다양한 개념·세계·가치를 담고 있다. 한 도시를 다룬 여행 책자의 안내문이 그 도시의 무수한 다층적 모습을 담아낼 수 없다. 오히려 이러한 표피적인 안내서는 그 도시를 깊이 이해하는 데 방해가 되는 경우도 많다. 마치 그 여행 책자에 열거된 곳들을 겉핥기식으로 돌아다니는 것으로 그 도시를 안다고 착각하게 하기 때문이다. 자기 자신이 스스로 그 도시와 만나겠다는 열정과 의미를 가지고 유·무명의 장소나 다양한 사람들과 조우하면서 비로소 도시의 한 자락을 간신히 느낄 수 있다. 하나의 책을 접할 때도 마찬가지이며, 무엇보다도 책 읽기에서는 '나는 어떠한 문제의식 및 물음들과 씨름하고 있는가'가 중요한 출발점이다. '나만의 물음'이 부재할 때, 아무리 추천 도서를 모두 읽었다 해도 자신을 성숙하고 풍요롭게 할 수 있는 지적 자양분을 얻기는 어렵다.

나는 저커버그가 자신의 성공에 안주하지 않고 열심히 책 읽고 토론하면서 인식의 지평을 확장하고자 노력하는 것을 높이 평가한다. 그가 2주에 하나씩 새로운 책을 읽고자 한다는 결심으로 '올해의 책'이라는 '페이스북' 페이지까지 만들면서 적극적인 독서 활동을 하고 있다는 것도 고무적이다. 그런데 여기에 저커버그의 의도와 상관없이 매우 심각한 문제점이 도사리고 있다. 세계적으로 막강한 문화권력을 지닌 저커버그가 제시하는 책의 리스트가 전 세계에 퍼질 때 벌어질 수 있는 일이다.

첫째, 책의 위계주의이다. 추천 도서 목록에 포함된 책과 포함되지 않은 책들 사이에 위계가 형성된다. 대형 서점에서 '저커버그의 추천 도서'라는 화려한 특별 코너에 진열된 책과 그 진열대에 오르지 못한 책 사이에 위계가 형성되면서, 다른 책들은 덜 중요한 것이라는 생각이 자연화된다. 둘째, 지식의 종속화이다. 유명 인사의 추천 도서를 무비판적으로 수용하는 것은, 한 개별인들이 자신의 내적 필요와 갈증 때문에 하나의 책과 진정으로 조우하려는 과정을 생략하거나 불필요한 것으로 만든다. 독서에 지름길이 있다고 믿게 되면서, 타자의 판단을 통해서 나의 지식 세계가 구성되는 것이다. 셋째, 독서의 양적 수치화이다. 양적 읽기가 읽기의 전형으로 대체된다. 한 페이지를 가지고 고민하고 씨름하는 질적 읽기는 읽기 경쟁에서 뒤떨어진다. 2주에 하나씩 읽겠다는 저커버그에게서 읽기란 '정보 모으기' 이상의 심오한 의미를 지니기가 참으로 어렵게 된다. 심층적 읽기는 양으로 측정 불가능하다. 하나의 시나 글을 반복하여 읽고 성찰하는 방식의 질적 독서는 추천 도서들을 매번 읽어내야 하는 속도를 따르기 어렵다.

권력과 지식의 중심은 일치한다. 푸코의 권력 담론이 준 중요한 통찰이다. 푸코가 '권력과 지식'이라고 하지 않고, '권력·지식'이라고 한 이유가 있다. 권력과 지식의 불가분리성을 드러내기 위한 것이다. 이제 베이컨의 "지식이 힘이다"는 푸코의 "권력이 지식이다"로 전이되었다. '지식'이라고 일컬어지는 요소들의 객관성·보편성·가치중립성이라는 지식의 자명성에 관한 우리의 이해에 근원적인 변화가 일어날 필요가 있다. 우리가 물어야 할 것들은 다음과 같다. 누가 우리의 인식 세계를 형성하는 지식을 생산해왔는가, 어떤 관점이 적용된 지식인가, 어떤 가치 체계를 그 지식은 개별인들과 사회 속에 확산하고 있는가.

유명 인사가 만드는 도서 목록의 맹신은 특정한 지식의 '중심화', 그리고 그 특정한 지식이 아닌 다른 지식의 '종속화'를 자연스러운 것으로 만든다. 이 세계에서 지식의 중심부와 주변부가 형성되는 인식 체계를 재생산하고 있는 것이다. 도서 목록 자체가 특정한 지역(서구 세계)이나 언어(영어)를 대표한다는 사실만이 문제인 것은 아니다. 세계 곳곳에서 개별인들로서 살아가고 있는 구체적인 정황·성향·갈망·꿈·지적 필요 등에 따라 사람들에게는 저마다 각기 다른 종류의 책이 필요하다. 특정한 사람의 관점과 경험에서 볼 때 중요한 책이라고 해서 그 평가에 세계적인 보편성을 적용할 수 없다. 소위 세계 1류 대학에서 선정하든 특정한 신문이나 서점이나 유명 인사들이 만들었든 추천 도서 목록은 단지 참고용일 뿐, 절대적인 것이 되지 않는 이유이다.

타자가 만들어준 것이 아닌 자신만의 고유한 주요 도서 목록을 만들라. 그렇다고 해서 그 목록을 고정해서 절대화시킬 필요도 없다. 도서 목록이란 자기 삶의 여정·성향·갈망·호기

심·지적 필요 등에 따라서 언제나 바뀔 수도 있기 때문이다. 책이든 음악이든 특정한 작품과의 고유한 조우를 통해서만이 자신의 내면세계를 풍성하게 가꿀 수 있는 영양분을 얻을 수 있다. 자신의 앎의 세계를 타자가 고안하고 지시하는 대로 무비판적으로 따르는 것으로 형성해서는 안 된다. 지식의 종속화를 거부하고 지식의 주체화를 이루는 것은 계몽주의의 모토인 '스스로 생각하라'만이 아니라 '감히 스스로 읽으라'의 일상화를 통해서만 가능하다.

우리는 희망한다,
고로 존재한다

한국사회에 청년층을 일컫는 신조어들이 속속 등장하고 있다. '3포 세대(연애·결혼·출산 포기)'부터 시작해서 '5포 세대(연애·결혼·출산·취업·주택 포기)', '7포 세대(5포에 인간관계와 희망 포기)'가 차례로 등장하더니 이제는 'n포 세대', 즉 포기하는 것이 무한대인 세대라는 자조적인 신조어가 회자되고 있다. 모든 것을 포기하겠다는 삶에 대한 극도의 비관을 담은 이 신조어들이 예시하고 있는 것은 바로, 미래를 향한 희망의 상실이다. 이러한 고도의 비관적 분위기가 형성된 것은 눈에 보이는 객관적 데이터에서 볼 수 있듯이 인간으로서 누려야 할 가장 기본적인 삶의 조건을 충족시킬 수 있다는 전망이 참으로 어둡기 때문이다.

그런데 이렇게 청년들을 지칭하는 '달관 세대', '절망 세대', '7포 세대', 급기야 등장한 'n포 세대'라는 신조어들을 무비판적으로 받아들이는 것은 심각한 문제다. 이러한 신조어들은 다양한 개성과 상이한 인생관을 지닌 무수한 개별인들에게 복수複數의 표지를 붙이면서 자조적 패배주의를 사회적으로 강력하게 확산시키기 때문이다.

이러한 집단적 표지는 청년 개별인들 사이의 다양성과 상이성을 외면하고 그들을 총체적으로 단일화시킴으로써, 한국의 모든 청년들을 고정관념의 상자 속으로 집어넣는 기능을 하고 있다. '자포자기하는 청년들'이라는 표상을 담은 신조어들은 자신뿐 아니라 사회의 변화를 치열하게 모색하고 다양한 방식으로 사회적 약자들과 연대하는 '변화의 주체자로서의 청년들'의 존재를 의식적·무의식적으로 부정하고 배제한다. 비록 수가 많지는 않아도 여전히 우리 사회의 다양한 작은 귀퉁이에서는 보다 나은 세계를 만들어가기 위하여 자기의 역할에 힘쓰고 있는 이들이 존재하고 있다는 사실을 외면하게 되는 것이다.

청년들을 'n포 세대'라고 규정해버리는 이러한 비관적 분위기 속에서 희망은 사치스러운 말로 들릴지 모른다. 그런데 낙관할 수 없다고 하여 희망까지 버릴 수는 없다. 처절한 절망과 무의미성의 삶 바로 그 한가운데에서 보다 나은 세계를 향한 희망을 품고 살아가는 것은, 인간을 비로소 인간으로 만드는 중요한 요소 중의 하나이기 때문이다. 여기에서 낙관과 희망의 차이를 상기할 필요가 있다. 낙관이란 '사실적 수치'에서 출발한다. 그러나 희망이란 눈에 보이는 객관적 자료가 아니라 사랑·우정·정의·평화 등과 같이 인류를 지켜온, 보이지는 않지만 '소중한 가치'에서 출발한다. 그러한 보이지 않는 가치들은 수치화하여 사실적 자료로 전환시킬 수 없다. 다양한 객관적 수치가 미래를 낙관하기 어렵게 하더라도 희망을 버려야 하는 것은 결코 아니다.

칸트는 인간이 씨름해야 할 네 가지 질문을 그의 철학적 주제로 삼았다. '나는 무엇을 알 수 있는가', '나는 무엇을 해야 하는가', '나는 무엇을 희망해도 되는가', 그리고 마지막으로 '인간이란 무엇인가'라는 질문이다. 이 네 가지 질문은 사실상 서로 깊숙이 연관되어 있다. 인간에게 희망이란, 인간을 인간으로 만드는 주요한 구성 요소가 된다. 희망은 암흑처럼 느껴지는 절망적 현실 속에서 인간을 살아남게 하는 치유제가 되어왔다. 반면 왜곡된 희망은 인간에게 독이 되기도 한다. 그래서 그리스의 역사가 투키디데스^{Thucydides}는 "희망이란 위험의 위로자 danger's comforter"라고 명명하기도 했다.

그런데 칸트는 "희망해도 되는가"라고 물었다. 희망에는 해도 되는 것과 안 되는 것이 있음을 암시하고 있다. 즉, 모든 희망이 다 정당한 것은 아니라는 말이다. 그렇다면 이 희망의 정체는 무엇이어야 하는가. 인간이 자본화되고 상품화되면서 우리는 돈이 평등·평화·정의와 같은 인류의 보편 가치를 근원적으로 뒤흔드는 세계 속에서 살고 있다. 이 시대에 희망하기란 무엇인가. 분명한 것은 타자들을 짓밟고 올라서라도 성공하기 위하여 모든 것을 저버리는 이기적 탐욕과 욕망에 희망이라는 이름을 붙일 수는 없다는 것이다. 칸트는 자신만의 탐욕과 욕망을 충족하기 위한 행위들을 '급진적 악radical evil'이라고 명명했다. 우리가 '해도 되는' 희망이란 결국 자신만이 아니라 타자에게도 좋은 것이어야 한다.

'희망함'이란 인간이 인간으로서의 모습을 지니며 지금보다 나은 세계를 구성하는 가치를 향해서 나를 맡기는 삶의 방식이다. 그렇기에 오히려 희망함은 우리를 인간으로 살아있게 하는 필수적 요청이며, 지금보다 나은 세계를 향하여 우리 모두가 간직하고서 함께 밝혀나가야 할 소중한 삶의 촛불이다. 희망의 촛불을 가슴에 지니고 살아가는 이들을 통해서 우리는 우리가 몸담고 있는 이 세계를 보는 눈을 새롭게 형성해가야 한다. 무수한 이름 없는 별이 모여 아름다운 행성계를 이루는 세계로 작은 걸음이라도 내디딜 수 있는 것이다. 가슴 속 깊이에 희망의 촛불을 지닌 이들에 의해서 연애·결혼·인간관계 등의 포기가 아니라 새로운 연애관·결혼관·인간관계관이 창출될 수 있는 가능성의 공간이 열리게 된다.

다른 동물과 차별화되는 인간의 독특한 점은, 절망과 무의미성의 삶 한가운데에서 희망과 유의미의 세계를 갈망한다는 것이다. 인간만이 보다 나은 세계를 동경하고 추구하는 것이 절대적으로 불가능하다고 느낄 때 자살을 한다. 그래서 알베르 카뮈Albert Camus는 "자살이야말로 가장 진지한 철학적 주제"이며, 자살이란 "삶이 살아갈 가치가 없다는 고백"이라고 규정한다. 인간은 다양한 방식으로 '의미 물음을 하는 존재'라는 점에서 그 독특성을 지니고 있다는 것이다. 희망이란 인간의 삶에 의미를 부여하는 원동력이다. 희망은 낙관처럼 구체적인 사실과 자료에 근거한 '무엇 때문에'가 아니라, 그 눈에 보이는 조건들이 암담하더라도 '그럼에도 불구하고'의 가치로 작동한다.

시인 기형도는 〈정거장에서의 충고〉라는 그의 시를 "미안하지만 나는 이제 희망을 노래하련다"라고 시작한다. 'n포 세대'라고 사람들이 말을 해도 우리는 이제 "미안하지만" 희망을 창출하고, 갈망하고, 노래해야 한다. 여러 가지가 낙관적이어서가 아니라 절망적이기에 더욱 절절한 희망을 부여잡고 있어야 한다. 나나 우리만이 아니라 너와 그들이 그 어느 것에 의해서도 차별받거나 존재가 부정되지 않고 함께 살아가는 세계를 꿈꾸는 것, 이러한 희망은 사치가 아니다. 우리는 희망한다, 고로 존재한다.

용서의 가능성과
불가능성 사이에서

누군가가 자신의 자식을 차로 치어 죽게 하고 뺑소니를 쳤다면, 우리는 그 뺑소니차의 운전자를 용서할 수 있을까. 만약 용서할 수 있다면 그 용서에는 전제조건이 있는 것인가. 2015년 1월 10일 새벽, 일명 '크림빵 뺑소니' 사건이 일어났다. 임신한 아내에게 줄 크림빵을 사들고 귀가하던 강경호란 사람이 차에 치여 사망했다. 그를 죽게 한 차의 운전자 허모 씨는 뺑소니를 쳤다가 결국 자수를 했다. 죽은 사람의 아버지는 운전자가 자수한 경찰서로 찾아가 그를 위로하러 왔다며 자식을 차로 치어 죽게 한 사람을 용서하겠다고 선언했다. 신문들은 자식을 죽게 한 사람에게 '따스한 용서'의 손길을 내밀었다는 표제로 기사를 다루었다.

그런데 용서의 선언을 한 지 하루 만에, 이 아버지가 입장을 바꾸어 용서하지 못하겠다고 번복하였다. 이유는 그 뺑소니 차량의 운전자가 진정으로 반성하고 있지 않기 때문이라고 했다. 운전자가 진정으로 뉘우치면 다시 용서하겠다고 했다. 이 사건은 인간에게 참으로 어려운 문제인 '용서란 무엇인가'라는 질문과 만나게 한다.

용서를 주제로 한 치열한 논의들이 종교·철학·정치학·심리학 등 다양한 분야에서 공적 담론으로 눈에 띄게 등장하기 시작한 것은, 제2차 세계대전 이후 나치의 학살이 드러나면서부터이다. 유대인·동성애자·노숙인·장애아·외국인·여호와의 증인 등 다양한 그룹의 사람들을 향한 나치의 폭력과 학살이 '인류에 대한 범죄'라는 개념으로 공적 영역에 등장하였다. 또한 남아공에서 인종차별 정부가 무너지고 넬슨 만델라^{Nelson Mandela}가 대통령이 되면서 용서는 다시 세계적인 공적 담론으로 등장하기 시작했다. 용서와 관련한 가장 논쟁적 이슈 중의 하나는 '진정한 용서에 전제조건이 있는 것인가'라는 것이다.

흔히 용서의 전제조건으로 등장하는 것은 가해자의 참회·반성·처벌이다. 그런데 이렇게 전제조건이 이미 설정된 용서가 진정한 용서가 될 수 있는 것인가. 또한 용서는 누가 누구에게 해야 하는가. 예를 들어 나치의 유대인 학살에서 '용서를 받는 자'와 '용서하는 자'는 누구인가. 나치의 학살로 이미 죽은 사람들은 어떻게 가해자를 용서하며, 가해자가 이미 죽었다면 여기에서 용서란 어떤 의미를 지니는가. 더 나아가서 용서를 구하지 않았는데 일방적으로 용서하는 것은 가능한 것인가. 단순한 듯한 이러한 물음들은 사실상 용서에 관한 종교적·철학적·정치적 논쟁의 중심에 있다.

한나 아렌트는 "처벌은 용서의 공통적인 조건"이라고 하면서 유대인 학살과 같은 범죄가 이미 돌이킬 수 없는 사건으로 전개되었을 때 용서란 사실상 불가능하다고 했다. 따라서 아렌트는 "용서란 죽음의 수용소에서 죽었다"라고 결론 내린다. 아렌트에게서 용서의 가능성이란 처벌의 가능성이 전제되었을 때에 가능한 것이다. 예를 들어 나치 수용소에서 이미 죽임을 당한 희생자들의 경우, 그들을 죽인 가해자들을 처벌조차 할 수 없다. 이미 절대적 희생자들이 사라졌기에 가해자를 처벌하는 것은 불가능하며, 결국 용서란 불가능하게 된다.

이러한 아렌트의 용서 이해는 중요하다. 그러나 그 중요성에도 불구하고 용서가 지닌 깊은 딜레마를 모두 드러내지는 않는다. 아렌트의 입장은 또 다른 근원적인 물음을 제시한다. '용서의 수수께끼'를 제시하는 것이다. 누가, 누구에게, 그리고 무엇을 용서하는가. 누구에게 용서를 구하는 것인가. 가해자가 피해자에게 구하는 것인가, 또는 신과 같은 절대자에게 구하는 것인가. 우리가 이러한 용서의 수수께끼를 생각해보아야 하는 것은, 용서라는 고귀하고 중요한 개념이 다양한 방식으로 남용되고, 계산되고, 종종 퍼포먼스의 대상이 되면서 왜곡되는 것을 경계해야 하기 때문이다. 한국과 일본 관계, 남아공에서의 인종차별 정부, 또는 유대인 학살 등의 사건을 다루는 국제정치 영역에서 이 용서의 왜곡과 남용은 극치를 이룬다.

자크 데리다는 남아공에서 했던 한 강연에서 '용서의 극장theater of forgiveness'이라는 개념을 사용했다. 데리다는 이 개념으로 용서가 정치적이고 경제적인 계산에 따른 연기의 무대로 오용됐다는 사실을 상기시켰다. 그러면서 그 어떠한 전제조건이 설정된 용서는 진정한 용서가 아니라고 단호히 말했다. 가해자의 반성·회개·처벌 등 용서가 가능하게 되는 전제조건을 설정하는 순간, 용서는 용서라는 말의 의미를 상실한다는 것이다. 그런 맥락에서 데리다는 용서를 두 가지로 나눈다. 하나는 '조건적 용서'이며 다른 하나는 '무조건적 용서'이다. 조건적 용서란 우리의 구체적인 현실 세계에서 사람들이, 또는 정치가들이 생각하는 교환경제로서의 용서이다. 즉 설정한 전제조건이 맞으면 그 대가로 용서를 주는 것이다. 용서가 교환 행위로 전이되는 지점이다. 반면 무조건적 용서란 그 어떤 전제조건 없이 주는 선물과도 같은 용서로, 용서의 윤리의 심오한 깊이를 드러낸다. 데리다의 이 무조건적 용서 개념은 매우 중요한 용서의 차원을 제시하고 있다.

우리가 용서를 사유해야 하는 이유에는 여러 가지가 있지만 우선으로 중요한 두 가지가 있다. 하나는 인간은 불완전한 존재라는 것이고, 다른 하나는 인간이 미래를 향한 존재라는 것이다. 그 어떤 인간도 완벽한 존재는 아니기에, 내가 타인에게 잘못을 하기도 하고 타인이 내게 잘못을 하기도 한다. 상처와 아픔을 타인에게 주기도 하고 받기도 하는 존재라는 것은 바로 용서가 필요한 존재임을 의미한다. 우리는 피해자이기도 하고 가해자가 되기도 하는 가능성에 늘 노출되어 있다. 용서란 인간의 삶의 조건이 되는 것이다. 또한 용서는 우리를 과거의 감옥으로부터 해방시켜 미래를 향한 걸음을 가능하게 한다. 용서가 없다면 과거에 일어난 사건과 그것으로 인한 상처와 아픔 속에 스스로 갇히는 삶을 살게 된다. 과거에 일어난 일을 용서할 때, 용서의 대상은 자기 자신일 수도 있고 타자일 수도 있다. 또 한국의 위안부 문제와 같이 개인적인 것만이 아닌 정치적 차원에서 용서해야 하는 문제도 있다. 이러한 용서의 다층적 측면들을 사유하는 것은, 개인적 삶만이 아니라 공적 삶에서도 나타나는 용서의 다양한 모습을 비판적으로 조명하고 접근하는 데 무엇보다 중요하다. 용서란 자명한 것 같지만 인간의 품성·제도·권력관계와 얽히고설킨 참으로 복잡한 개념이고 실천이기 때문이다.

앞서 이야기했던 데리다의 '무조건적 용서'는 인간에게는 불가능한 일이다. 그럼에도 이 용서의 무조건성을 우리가 끊임없이 기억하고 성찰해야 하는 이유가 있다. 무조건적 용서는 유한한 인간인 우리에게 영원한 참고서의 역할을 하기 때문이다. 데리다의 무조건적 용서 개념은 사랑·환대에도 적용되는 것으로서, 여타의 교환 개념 너머에서 가능한 것이다. 사랑하는 사람들이 특정한 조건에서만 서로 사랑하는 것이 가능하다면 그 관계는 이미 진정한 사랑이 아닌 계산된 사랑 또는 조건적 사랑이다. 교환경제 너머에 존재하는 용서나 사랑이야말로 진정성을 지닌 것임을 늘 상기할 때 용서의 진정한 의미가 왜곡되거나 오용되는 것을 최소화할 수 있다. 또한 용서와 같은 소중한 개념들의 몰락을 조금이라도 막아낼 수 있다. 이러한 의미에서 현재보다 더 정의롭고 평화로운 세계를 향한 우리의 헌신과 개입은, 무조건적 용서와 같은 '불가능성을 향한 열정'이다.

용서를 연습해야
하는 이유

매해 12월은 유독 두 가지 종류의 시간을 생각하게 한다. 연말과 새해라는 달력 속의 크로노스적 시간과, 의미와 사건들로 이루어지는 카이로스적 시간. 사실상 달력 속의 시간이 본질적인 의미를 지니는 것은 아니지만, 외적인 시간의 흐름 속에서 우리는 자기 삶의 의미를 창출하고자 하는 내면의 시간과 마주하게 된다. 그런데 과거를 되돌아보고 미래를 바라보는 회상과 성찰의 시간에 되돌리거나 바꿀 수 없는 일은 어떻게 해야 하는가.

한나 아렌트는 인간의 삶을 구성하는 두 가지 중요한 요소가 있다고 봤다. 하나는 과거의 비극적인 일들로부터 과거를 구해내는 가능성으로서 인간의 '용서할 수 있는 능력'이다. 다른 하나는 자기 자신을 '미래에 대한 약속에 연결시켜서 살아가는 능력'이다. 미래의 불확실성을 끌어안으면서 자신이 추구하고자 하는 새로운 삶에 자신을 내던지는 약속을 하는 것은, 과거·현재·미래라는 시간 규정으로 구성되고 있는 우리의 삶을 의미 있게 만드는 중요한 밑거름이다. 이러한 의미에서 과거에 대한 용서와 새로운 미래와의 약속은 삶에서 매우 중요한 요소라고 할 수 있다.

그중에서 용서에는 자기 용서, 대인관계에서의 용서, 집단적 용서, 정치적 용서, 종교적 용서, 형이상학적 용서 등 여러 가지가 있다. 그런 용서는 사랑이나 우정과 마찬가지로 그것이 가진 평범성 때문에 의미가 왜곡되고 오용되는 경우가 참으로 많다. 그렇게 남용됨에 따라 우리가 현실에서 경험하곤 하는 '용서의 참을 수 없는 가벼움'에도 불구하고 왜 우리는 여전히 용서를 생각해야 하는가.

첫째, 인간은 불완전한 존재이기 때문이다. 불완전한 존재로서의 인간은 이기성·교만·욕심·권력·소유욕 등으로 자신은 물론 타자에게 상처를 입히고 피해를 준다. 그러면서 동시에 연민·사랑·환대를 베풀기도 하는 존재이다. 정도에 따른 상이성이 있지만 이 상충적인 품성들은 대부분 모든 인간 속에 내재하여 있다. 인간의 존재론적 패러독스이다. 신의 얼굴과 타자를 살해하기까지 하는 악마의 얼굴이라는 상충하는 모습이 대부분의 인간 속에 얽히고설켜 있는 것이다. 이러한 점에서 보자면 인간의 품성이 본래적으로 악하다는 '성악설性惡說'이나 반대로 선하다는 '성선설性善說'은 인간이 지닌 상충적 패러독스를 담아내지 못한다. 이 두 가지 주장 중에서 양자택일한다면 양품성을 모두 지닌 인간이라는 복합적인 존재의 전체 모습을 볼수 없다. 인간은 그 누구나 선한 품성과 악한 품성을 한꺼번에 담고 있는 존재이다.

그렇기에 인간으로 산다는 것은 자신은 물론 타자의 악한 품성이 작동하는 현실에서 살아가야 함을 의미한다. 악한 품성이 개인적 또는 제도적으로 작동할 때의 결과는 가해자의 의도와 상관없이 폭력적이다. 이러한 폭력성은 노골적으로, 또는 은밀하게 다른 이에게 상처를 주기도 하고 다른 이로부터 상처를 받게도 한다. 한 개별인이 자기 용서를 해야 하는 경우가 있는 이유도 바로 인간이 불완전한 존재이기 때문이다.

둘째, 인간은 타자들과 함께 살아가는 존재이기 때문이다. 장 뤽 낭시는 인간의 존재론적 조건을 '함께-존재'라고 했다. 모든 것이 함께라며, 타자와 함께 존재하는 인간의 조건을 시적으로 표현했던 것이다. 외딴섬에서 홀로 살아갈 수 없는 우리는, 타자와의 복합적인 관계망 속에서 살아간다. 그 관계망 속에는 배우자·애인·자녀·친척·친구·동료 등과 같은 가까운 타자도 있고, 친밀성과 거리가 있는 전혀 알지 못하는 먼 타자도 있다. 그런데 타자들과의 복합적인 관계망 속에서 살아간다는 것은 긍정적이기만 한 것이 아니라, 그 과정에서 지극히 부정적인 경험도 하게 한다. 서로 상처와 피해를 주고받는다는 것이다. 상처와 피해를 주거나 받는 것은 알지 못하는 먼 타자에 의해서만이 아니라, 친숙함과 친밀성을 나누는 관계인 가까운 타자와의 관계에서도 일어난다. '함께-존재'로서의 인간이 용서를 성찰하고 연습해야 하는 이유이다.

셋째, 인간은 다양한 제도들과 연계되어 살아가는 제도적 존재이기 때문이다. 가족·학교·회사·종교·국가 등 다양한 제도와 연결된 삶을 살아야 하는 인간은, 그 제도의 보호와 위로를 받기도 하지만 반대로 차별과 폭력을 경험하기도 한다. 다양한 제도를 만들고 그 제도 속에서 공동의 세계를 형성하며 사는 인간의 삶에서는 개인 차원에서만이 아니라 집단적이고 제도적인 차원에서의 폭력과 억압의 현실이 존재한다. 개별인들 간의 용서뿐 아니라 집단 간의 용서나 정치적 용서 등이 있는 이유이다.

이러한 인간의 세 가지 삶의 조건은 언제나 각기 다른 종류의 가해자와 피해자가 존재하게 되는 현실을 만들어낸다. 또한 복합적인 현실에서는, 피해자인 한 사람이 다른 차원에서는 가해자가 되기도 한다. 이렇게 피해와 가해가 교차하며 복잡하게 얽혀 있는 현실에서 과거를 넘어 현재와 미래의 삶을 지속하고자 한다면 용서란 참으로 중요한 과제가 아닐 수 없다.

그런 용서의 행위에서 분명히 기억해야 할 점이 있다. 용서란 불의한 일들을 묵인하거나 망각하는 것이 아니며, 또한 용서를 한다고 해서 불의한 일들 때문에 발생하는 분노마저 없애야 하는 것은 아니라는 점이다. 나아가 '형이상학적 용서'라고 불리는 용서의 차원도 중요하다. 죽음·질병·육체적 쇠퇴·인간의 불완전성 등으로 인하여 서로가 주고받는 다양한 상처와 폭력·도덕적 악이 난무하는 이 세계 속에 살아가면서 인간은 이러한 불완전성의 세계를 용서하는 것도 필요하다. 형이상학적 용서의 핵심은 무엇보다도 나 자신의 인간성과 내면세계가 파괴되지 않도록 보호하는 것이다. 이 세계에서, 내 주변에서, 그리고 나에게 일어나고 있는 일들이 지니고 있는 다양한 문제점들과 대면하고 개입하면서 파괴되지 않도록 지켜내야 하는 것이 있다면, 그것은 나와 나 자신의 관계이다. 외부 세계에서 일어나는 부정적인 일들로 자신 속에 자신도 모르게 쌓이게 되는 부정적인 삶의 에너지로서의 '르상티망ressentiment'이 나의 내면세계 속에 축적될 때, 나의 인간성은 부식되고 파괴되기 쉽다. 형이상학적 용서가 중요한 이유이다. 형이상학적 용서는 이 세계 내 존재로서의 나의 인간성을 지켜내기 위한 중요한 터전을 마련해준다고 할 수 있다.

　매해 12월을 맞이할 때마다 우리는 한 해를 매듭짓고 새해를 맞이하는 크로노스와 카이로스적 시간의 교차점에서 서 있다. 새해를 맞이할 때마다 과거를 넘어서는 가능성으로서의 용서, 그리고 미래의 불확실성을 끌어안으며 새로운 삶으로 스스로를 내던지는 약속을 통해 우리는 우정·사랑·정의·연대·평화 등 인간의 지순한 가치들이 실현되는 순간의 경험들을 하게 될지도 모른다. 그 순간의 경험들이 어두운 절망적 현실 속에서 가느다란 희망의 빛줄기 역할을 하면서 우리의 삶을 의미 있게 만드는 동력이 될 수도 있지 않을까.

'칸트의 패러독스'에서
무엇을 배울 것인가

한국사회에 혐오 현상들이 점점 증가하고 있다. 여성, 성소수자, 다문화가족, 노인, 장애인 등 사회적 소수자들을 향한 혐오가 급속도로 퍼지고 있는 것을 보며, '혐오사회'가 되어가고 있는 것 아닌가 하는 염려를 지울 수 없다. 한국 최초의 다문화 비례대표 국회의원이었던 이자스민을 향한 혐오 글들은 이제 언급하는 것조차 민망하다. 약자들을 향한 노골적인 혐오는 급기야 노인충·무임충·급식충·맘충 등 특정한 사람들을 벌레라고 지칭하는 양상으로까지 나타나고 있다. 혐오가 우리의 일상적 공간을 채우고 있는 것이다.

이러한 혐오의 일상화 속 혐오들이 지니고 있는 공통점은 혐오자들의 절대적 확신이다. 그들은 혐오 대상에 관한 자기 생각에 결코 오류가 있을 수 없다고 확신한다. 그런데 그처럼 혐오를 정당화하는 근거인 특정한 사람들에 대한 이해가 실은 큰 인식의 오류일 수도 있다는 생각을 한 번쯤 해보는 것은 어떨까. 이 세상 어디에도 완전한 인간은 없기 때문이다. 인간의 불완전성은 인간이 질병과 죽음을 마주하는 존재라는 육체적 차원, 또는 다양한 잘못과 오류를 행하는 존재라는 도덕적 차원의 의미로 해석할 수 있다. 그런데 인간의 육체적 불완전성과 도덕적 불완전성을 잘 이해하고 있으면서도 우리가 종종 잊곤 하는 차원의 불완전성이 있다. 그것은 인간 자신이 '안다'고 생각하는 것, 즉 인식의 불완전성이다. 다른 종류의 불완전성은 쉽게 수긍하면서도 정작 자신의 인식의 불완전성을 받아들이기는 쉽지 않다.

임마누엘 칸트는 철학사에서 중요한 사상가 중의 하나이다. 나는 특히 그가 세계의 영구적 평화를 위한 제안을 하면서, '코즈모폴리터니즘cosmopolitanism' 사상에 근거하여 코즈모폴리턴 권리라는 주제를 정치 영역으로 확장한 점에 주목한다. 칸트의 코즈모폴리터니즘은 세계화 이후 난민·망명자·이주 노동자·미등록 이주자 등 국가의 경계를 넘어서는 심각한 문제들이 등장하면서 철학·정치학·법학·종교 등 다양한 분야에서 재조명받기 시작하였다. 그 누구도 수단이 아닌 목적 그 자체로 간주하는 사회를 칸트는 '목적의 나라'라고 명명했다. '목적의 나라'라는 새로운 세계에 대한 칸트의 이상은, 이 지구 위에 거하는 모든 인간은 이 코스모스에 속한 동료 시민이며, 따라서 자유롭고 평등한 합리적 존재로서 수단이 아닌 목적으로 취급되어야 한다는 원리에 근거한다. '목적의 나라'를 통해서 칸트는 인간의 정치적 현실에서는 참으로 성취하기 어려운 윤리적 이상을 그린다.

칸트는 쾨니히스베르크대학에서 일흔두 개 종류의 과목을 가르쳤는데, 그중 지리학 마흔여덟 번, 인류학 스물네 번, 논리학 쉰네 번, 형이상학 마흔아홉 번, 도덕철학 스물여덟 번, 그리고 이론물리학 스무 번을 가르쳤다. 그런데 대학에서 강의 과목 수를 줄이려고 할 때도 지리학 과목은 포기하지 않았다. 지리학을 처음으로 가르치기 시작한 1756년 이후 1797년 은퇴할 때까지 40여 년을 가르친 것이다. 그는 '인간 지리학'에 많은 관심을 가졌고, 다음과 같은 주장을 했다. "더운 나라에서는 인간의 모든 측면이 조숙하지만, 그 열기 때문에 완벽함에 이르는 성숙을 이룰 수 없다. 인류의 가장 위대한 완벽성은 백인종에게서 이루어진다. 황인 인디언들은 미약한 재능만을 지니고 있다. 니그로는 그 황인 인디언들보다 한참 밑이며, 인종 중 가장 밑바닥에 있는 것은 아메리칸 원주민들"이다. 그리고 "개들조차도 유럽으로부터 아프리카로 가져오면 점점 멍청해지고 뻔뻔스러워지며 계속 비슷한 새끼들을 생산하게 된다."

나아가 칸트는 습기 차고 더운 지역에서 인간이 살게 되면 모든 흑인들처럼 게으르고 지독한 냄새를 풍기며, 지적 능력이 없어 노예제와 같은 제도 아래 왕의 통치를 받아야 한다고 주장했다. 더 나아가 그는 가장 완벽하고 이상적인 인종은 숭고함과 아름다움을 조화롭게 겸비한 독일인이라고 결론 내린다. 서구 철학사에서 사람들이 가장 위대한 철학자 중 하나로 간주하는 칸트가 지독한 인식의 오류를 드러내는 지점이다.

한편으로 칸트는 민족이나 국적 등에 상관없이 인류 전체가 서로 동료 인간임을 강조했다. 세계 평화를 위하여 단지 이 지구상에 거하는 인간이라는 사실 하나만으로 모든 이들에게 인간으로서의 권리가 보장되어야 한다는 '코즈모폴리턴 권리'의 실현이 필요하다고 했던 것이다. 그런 그가 다른 한편으로는 인종에 관하여 어처구니없는 인식의 오류를 드러냈다는 것은 지독한 패러독스가 아닐 수 없다. 그런데 어쩌면 우리 각자는 각기 다른 방식으로 칸트와 같은 '인식론적 사각지대'를 지니고 있는 것은 아닐까.

우리의 현실 세계에는 여전히 성차별·인종차별·성소수자 차별·나이 차별·장애인 차별·다문화가정 차별·지역 차별·학력 차별 등 다양한 차별과 혐오들이 존재하고 있다. 그런데 어느 한 종류의 차별에 예민하다고 해서 자연스럽게 다른 형태의 차별이나 혐오를 범할 위험으로부터 자유로운 것은 아니다. 예를 들어 1960년대 이후 세계의 사회변혁운동사를 들여다보면 인권운동가 남성들의 성차별주의, 또는 여성운동가들의 인종·계층차별주의 등의 문제가 종종 드러난다.

그뿐 아니다. 노동운동 또는 인종차별에 저항하여 싸우는 이들이 정작 성차별주의를 고스란히 지니고 있는 경우가 있고, 여성운동을 하는 이들이 노동문제와 같이 계급적 불평등 구조에는 관심 없는 경우가 있다. 또 성소수자 인권운동을 하는 이들이 인종적 소수자들에게는 편견을 지니거나 무관심한 경우가 있으며, 노동자나 여성의 권리에는 예민하면서 성소수자의 권리 침해와 불평등한 제도적 대우에는 무지한 경우, 비장애인 사회운동가들이 장애를 지닌 사람들이 겪는 인권침해와 차별에 무지한 경우 등, 어느 한 종류 차별의 부당성에 저항하는 사람이 다른 종류의 차별에는 스스로 가담하는 패러독스를 찾아보는 것은 그리 어려운 일이 아니다. 인간의 경험과 이해 능력의 한계에 따른 인식의 사각지대가 누구에게나 있을 수 있다는 것이다.

인종에 대한 칸트의 인식 오류가 인종차별주의를 정당화하는 데 쓰일 수 있는 것처럼, 우리 각자가 지닌 이러한 인식의 오류가 우리 사회 곳곳에 있는 다양한 모습의 약자와 소수자들을 향한 혐오·편견·차별을 묵인하고, 정당화하며, 재생산하는 데 일조할 수 있다. '칸트의 패러독스'는 우리가 지닐 수 있는 인식론적 사각지대를 드러내는 예증이다. 내 안 인식의 오류와 그 사각지대를 넘어서기 위해서는 부단한 비판적 자기 성찰, 지속적인 자기 학습, 그리고 자신의 인식 세계를 확장하고자 하는 열정이 필요하다. 자신 속의 인식론적 패러독스를 넘어서

기 위한 치열한 노력은, 이 땅에 거주하고 있는 우리에게 주어
진 지속적인 과제이다. 한국사회가 '혐오사회'를 넘어서 '평등사
회'로의 전이를 이루는 데 필요조건인 것이다.

낙관 대신 희망하라

인간은 두 가지 종류의 탄생성을 지니고 있다. 하나는 외면적 탄생이고 또 다른 하나는 내면적 탄생이다. 외면적 탄생은 생물학적 생명을 지닌 존재로서의 탄생으로, 달력의 시간인 크로노스적 시간과 관계되어 있다. 이 탄생은 나의 의지와 상관없이 일어나며 유일회적인 사건이다. 반면 내면적 탄생은 의미의 시간, 즉 카이로스적 시간과 맺어져 있다. 전적으로 나의 의지와 결단으로 가능하게 되는 사건이며 지속적으로 경험할 수 있다.

1월의 영어 말 'January'는 과거와 미래, 전쟁과 평화, 종국과 시작 등 현실 세계의 다양한 두 축을 상징하는, 두 얼굴의 야누스Janus라는 신의 이름을 담고 있다. 1월은 달력의 크로노스적 시간을 통해서 의미의 시간인 카이로스적 시간을 생각하게 하는 야누스적 시기인 것이다. 미디어는 경쟁적으로 새해 이 벤트를 보여주면서 달력의 새해에 마치 모든 것을 새롭게 해주는 마술적 힘이 있는 것처럼 우리를 들뜨게 한다. 12월 31일에는 한 해의 마지막 날이라기보다는 새해 전날로서 새해를 맞이하는 흥분된 모습들이 곳곳에서 등장한다. 달력 속의 새해가 과거의 어둠을 물리치고 전적인 새로움을 가져다줄 것이라는 착각을 하게 만드는 것이다. 1월의 시작은 이렇게 삶의 기적과 같은 새로움을 향한 막연한 기대 속에 우리를 붙잡아놓는다.

그러나 달력 속 새해의 시작인 1월이 점차 기울어갈 때, 우리 대부분은 새해 자체가 새로움을 가져올지 모른다는 기대란 전적으로 환상일 뿐이라는 아픈 사실을 받아들여야 하는 지점에 이른다. 달력의 새해에 자신을 맡겨놓는다고 해서 나의 삶에 새로움이 저절로 찾아오는 것은 아니기 때문이다. 달력 속의 크로노스적 새해는 생물학적 탄생처럼 나의 의지와 상관없이 오는 것이지만, 카이로스적 시간인 의미의 새해는 나 자신의 철저한 의지·개입·열정으로만 가능할 뿐이다. 나의 새해, 즉 카이로스적인 의미의 새해를 진지하게 성찰해야 하는 이유이다. 나의 삶에 갖는 기대와 비전을 새롭게 형성하려는 의도적 노력이 비로소 크로노스와 카이로스적 새해가 만나는 '나'의 새해의 문을 열게 한다. 내면적 탄생성으로 가능한 나의 새해인 카이로스적 새해는 세 가지 중요한 요소를 필요로 한다.

첫째, 자신이 새로운 존재가 될 수 있다는 내면적 탄생성에 대한 믿음이다. 우리는 종종 자신이 자기를 잘 알고 있다고 생각한다. 그러나 한 사람 속에는 무수한 결들이 있으며, 그러한 결들을 모두 아는 것은 불가능하다. 여기에 새로운 존재로의 가능성이 있다. 새로운 시작이 언제나 가능하다는 존재의 탄생성에 대한 믿음을 굳건히 지녀야 하는 이유이다. 둘째, 새로운 존재로서의 삶을 만들어갈 수 있다는 가능성을 향한 지순한 열정이다. 자신을 믿는 것은 새로운 탄생의 필요조건이지만 충분조건은 아니다. 그 믿음을 구체적으로 싹 내기 위한 열정이 필요한 것이다. 셋째, 자신의 새로운 삶을 믿는 것에 근거한 미래를 향한 희망이다. 미래는 단순히 과거의 반복이 아니다. 미래를 계획하고 추측하는 것은 가능하지만, 미래라는 세계는 나의 계산과 계획에 따라 진행되는 것이 아니다. 계산과 예상을 넘어서는 새로운 미래, 새로운 나의 탄생을 끈기 있게 희망하는 것이 절실히 필요한 이유이다. 새로운 내면적 탄생의 가능성을 향한 믿음, 그 내면적 탄생을 모색하는 포기하지 않는 열정, 그리고 그러한 새로움으로 시작되는 미래를 희망하는 것이란 결국 우리에게 주어진 이 삶을 사랑하는 것으로 형성되고, 추구되며, 실천적으로 작동되는 것들이다.

여기에서 우리가 생각해보아야 할 것이 있다. 낙관과 희망의 근원적인 차이이다. 미래를 향한 낙관은 구체적인 데이터에 근거하지만 희망은 수치화된 데이터에 근거하지 않는다. 희망이란 오히려 보이지 않지만 자신 속에 새로움을 창출하고자 하

4 – 희망적인 삶을 위하여: 윤리적 저항

는 치열한 열정과 믿음, 그리고 이 현실 세계에서 자신의 존재 방식을 스스로 만들고자 하는 끈기 있는 개입에 근거하고 있다. 수치로 보이는 승리와 성공의 보장이 희망의 근거가 아니라는 것이다.

한 개별적 인간으로서 내가 지니고 있는 다층적 한계에도 불구하고, 또한 이 현실 세계가 보여주는 비관적 수치와 암담한 데이터들에도 불구하고 '나' 속에서 끊임없이 새로운 삶을 만들어가고자 하는 의지와 열정을 갖는 것은, 의미 있는 새해를 만들어가기 위한 우리의 남아있는 희망의 몸짓이다. 더 나아가 나의 생명과 다른 생명을 향한 치열한 사랑의 몸짓이기도 하다. "내가 나일 때 나는 네가 된다"라는 파울 첼란^{Paul Celan}의 시는 바로 이 지점에서 유의미하다. '나'는 고정된 존재가 아니다. 끊임없이 가꾸고 만들어가야 하는 존재이다. 나를 스스로 과거의 감옥에 가두어놓을 때, 과거의 나와 미래의 나를 연결할 가능성은 사라진다. '내가 나가 되는 것'은 내 속에 있는 잠재성과 가능성, 새롭게 태어날 수 있는 그 가능성을 열어놓는 것을 의미한다. 그러한 나를 '너' 속에서도 역시 보는 것, '내가 너'가 되는 순간이다.

'헬조선'이라는 신조어가 보여주는 한국사회의 암울한 현실 한가운데에서, 그리고 지금도 세계 곳곳에서 벌어지고 있는 전쟁과 폭력들로 인간생명·자연생명·동물생명이 무참히 파괴되는 현실 한가운데에서 달력 속의 크로노스적 새해는 결코 낙관할 수 없는 미래를 우리에게 암시한다. 그러나 살아남아 있는 우리는 이 어두운 절망적 현실 한가운데에서 암흑과 같은 현실 세계를 넘어 생명을 향한 빛줄기를 부여잡고 살아가야 하는 엄중한 책임 앞에 놓여 있다. 새로운 탄생성을 향한 갈망, 절망 한가운데에서 부여잡는 희망의 끈, 이 현실적 삶 속에서의 치열한 개입, 그리고 새로운 삶을 향한 열정은 우리에게 내면적인 진정한 '나'의 새해, 카이로스적 새해의 가능성을 열어준다.

희망을 넘어서는 희망을 기억하자. 이것은 곳곳에 있는 상투적인 희망, 미사여구로 포장된 희망, 숫자로 계산되는 표피적 희망을 넘어서는 심오한 존재론적 희망이다. 이 우울한 절망적 세계를 넘어서는 기적이란, 결국 우리 속의 새로운 탄생성에 대한 믿음과 열정과 희망, 그리고 그 내면적 탄생성을 체현하고 살아내고자 하는 끈기 있는 개입으로 이 삶을 사랑함으로써 비로소 가능해지는 것이다. 이러한 기적이 가능하게 되는 공간은, 인간이 생물학적인 외면적 탄생성만이 아니라 이 삶에 열정을 갖고 개입하는 행동을 통하여 새로운 시작을 언제나 가능하게 만드는 내면적 탄생성을 지니고 있다는 믿음과 희망의 공간이다.

모든 인간은 외면적 탄생과 함께 이미 내면적 탄생의 힘과 가능성을 지니고 있다는 것을 우리는 상기해야 한다. 우리 모두 이 외면적 탄생과 함께 주어진 가능성으로서의 내면적 탄생에 대한 믿음, 그 내면적 탄생으로 가능한 나의 카이로스적 새해를 향한 희망, 그리고 어둠으로 가득 찬 이 세계 한 가운데에서도 끈질기게 이 삶에 대한 사랑을 부여잡고 '나'의 새해를 향해 한 걸음을 떼는 연습을 해야 한다. 결국 살아감이란 나의 존재로부터, 그리고 나의 내면적 탄생으로부터 시작되는 '나의 새해'를 의미하는 것이기 때문이다.

성찰적 소통을 위하여

2015년 11월, 가수 아이유가 같은 해 10월에 출시한 앨범에 수록된 〈제제〉라는 노래 및 영상과 관련된 논란이 SNS를 뜨겁게 달구었다. 11월 5일 제제가 주인공으로 나오는 《나의 라임 오렌지나무》를 펴낸 출판사 '페이스북' 계정에 아이유의 제제 해석과 표현에 관한 문제 제기가 등장했다. 이에 아이유 측에서는 제제를 "성적 대상화하려는 의도는 전혀 없었"고 소설에서 "모티브만을 차용한 제3의 인물"이지만 그를 "섹시하다고 느꼈다"라고 말한 것이 "불찰"이라는 사과문을 내었다. 뒤이어 출판사도 해석의 다양성을 존중하지 못했다는 내용의 사과문을 발표했다. 당사자들의 사과문으로 이 사건은 적어도 표면적으로는 일단락되었다. 그러나 내가 주목하는 것은 이 논란의 직접적인

4 – 희망적인 삶을 위하여: 윤리적 저항

당사자들 밖에서 일어난 일들이다.

진보 논객으로 알려진 한 지식인은 '트위터'에서 출판사를 "저자도 아니고 책 팔아먹는 책 장사들"이라고 규정하면서, 해석에 관해서는 "입 닥치는" 것이 예의라는 비난을 했다. 이 지식인의 원색적 비난은 종종 출판사를 비방하는 데 권위적 텍스트로 인용되곤 했다. 그런데 이러한 원색적 비난은 해석의 자유라는 가치를 옹호한다는 이름 아래 거꾸로 자신이 옹호하고자 하는 그 가치를 스스로 배반하고 있다. '제제'를 해석할 자유가 아이유에게 주어져야 한다면, 출판사를 대표하는 입장이든 출판사 내 한 개별인의 입장이든 문제 제기하는 그 해석의 자유도 존중받아야 하기 때문이다.

한편 아이유의 해석에 반대하는 이들 역시 아이유에게 유사한 방식의 비난을 하면서 음원 폐기 운동을 벌였다. 결국 아이유 논란은 비판이 아닌 비난에 근거한 편들기 양상을 띠게 되었고, 급기야 아이유 논란은 아이유와 출판사 사이의 흑백 편 가르기 식으로 양극화 양상을 이루면서 확산되었다.

이 논란은 우리에게 무엇을 남겼는가. 나는 이 논란이 소모적인 논란으로 남을 것이 아니라 의미 있는 계기로 전이되는 것이 필요하다고 본다. 아이유 논란은 표현과 해석의 자유, 그리고 그 자유에 동반하는 사회정치적 책임 사이의 중요한 긴장 관계를 짚어보는 사회적 성찰의 계기가 되어야 한다.

표현과 해석의 자유는 참으로 중요한 민주적 가치이다. 그런데 자유란 언제나 그에 따른 책임이 동반된다. 특히 표현과 해석의 주체자가 공인公人의 위치에 있을 때, 그 표현과 해석 방식이 지닌 사회정치적 의미는 다층적인 비판적 논의로 조명되어야 한다. 예를 들어 폭력의 정당화나 미화·특정한 종교·외모·인종·성별·나이·장애 등에 근거하여 그들의 권리나 삶을 비하하는 것 등을 표현과 해석의 자유라는 이름으로 정당화해서는 안 되는 것이다. 표현과 해석의 자유란, 그것의 한계나 문제점에 비판적으로 문제 제기하면서 그 의미가 다각도로 성찰되어야 함을 의미하기도 한다.

공적 공간에서의 표현과 해석 행위란 중립적이 아닌 정치적 행위이다. '누가' 했는가에 따라서 공적으로 전달되는 메시지의 무게가 달라진다. 예를 들어 "혼이 비정상"이라는 표현을 무명의 개인이 한 것과 대통령이 한 것의 사회정치적 함의는 매우 다르다. 원칙적으로 모든 이들의 표현과 해석의 자유는 존중받아야 한다. 동시에 한 공인의 표현과 해석이 지닌 다층적 의미를 조명하는 것 역시 자유의 존중만큼 중요하다. 아이유 논란을 단순히 표현과 해석의 자유 문제로만 보는 것은 바로 이 지점에서 한계를 드러낸다. 표현과 해석의 자유를 존중하면서 동시에 그것이 지니고 있는 공적 의미를 복합적으로 조명하는 비판적 문제 제기의 자유는 표현과 해석의 자유와 함께 동반되어야 하는 쌍둥이 가치이다. 특히 특정한 배경을 가진 이름을 호명하는 경우, 그 호명 행위를 통한 표현과 해석은 호명하는 이의 의도와 상관없이 중요한 사회정치적 의미를 지니게 된다.

　세월호의 예를 들어보자. 한국적 맥락에서 세월호는 이제 단순히 선박 이름의 하나가 아니다. 무고한 참사의 비극과 애도를 의미하는 상징적 이름이다. 한 공인이 자신의 작품들에서 세월호를 호명하고자 한다면, 그 이름이 지닌 특정한 역사적 정황과 내포하는 상징적 의미를 고려하면서 호명해야 한다. 물론 누구에게나 세월호를 특정한 정황과 무관한 제3의 의미로 표현하고 해석할 자유가 있다. 그러나 어떤 이들에게 세월호는 여전히 지속되는 국가적 무관심과 기업의 이기성이 빚어낸 참사를 의미하는 상징이며, 고통과 상실을 의미하는 이름이기도 하다. 세월호를 제3의 이름으로 호명하는 자유를 존중한다면, 동시에 그러한 탈정황적 호명 방식에 비판적으로 문제 제기하는 자유도 존중해야 한다.

　제제도 마찬가지이다. 제제를 원작과 다른 제3의 인물로 사용할 자유가 있다. 그러나 동시에 그 호명 행위가 지닌 복합적인 의미를 고려해야 하는 것도 자유에 동반된 책임이다. 어떤 이들에게 제제는 가족·사회·국가로부터 전혀 보호하지 못한 학대와 방치의 절망적 상황의 피해자로서, 저자가 헌사에서 표현하였듯이 "지독한 슬픔과 그리움에도 죽지 않고 살아"남은 한 인간을 상징하는 특정한 이름이다. 표현과 해석의 자유는 그에 대한 다층적인 문제 제기와 성찰적 소통을 해야만 그 진정한 의미가 살아있게 된다.

비판적 문제 제기와 원색적 비난의 경계는 매우 미묘하다. 비판적 문제 제기는 한 문제를 다층적인 시각으로 보게 하면서 그것이 지닌 복합적인 층들이 세밀하게 드러나게 한다. 이러한 성찰적 소통에서 중요한 두 가지가 있다. 하나는 다른 관점의 문제 제기를 경청하는 끈기 있는 인내력이며, 또 다른 하나는 상이한 입장을 존중하는 태도를 지키는 것이다. 자기 생각과 다른 입장을 원색적으로 비난하는 것은 그것이 어떠한 목적으로 행하여지든 언제나 파괴적이다. 원색적 비난의 대상과 동시에 자기 자신의 인간성도 파괴한다. 무엇보다 비판적 성찰과 소통의 가능성을 근원적으로 차단해버리고 단순한 흑백 논의로 문제를 귀속시켜버린다. 결국 원색적 비난은 '성찰적 소통의 문화'가 아닌 '편 가르기 문화'를 조장할 뿐이다. 성찰적 소통은 하나의 문제가 매우 다층적인 복합적 이슈들과 연계된 것임을 인식하게 함으로써, 성숙한 민주 시민성이 사회 안에 자리 잡도록 하는 촉매제이기에 중요하다.

성숙한 사회는 편 가르기로 나타나는 '양자택일적 소통 방식'이 아니라, 서로가 지닌 인식의 한계들을 넘어서고자 하는 비판적 문제 제기를 인내심을 가지고 서로 주고받으며 함께 나아가는 '나선형적 소통 방식'을 통해서만이 가능하다. 야만과 지성, 천박함과 숭고함, 원색적 비난과 비판적 문제 제기 사이에는 아주 정교한 선이 있을 뿐이다. 표현과 해석의 다양성을 존중하고, 그 다양성 속에서 사회적 연대와 책임의 가치를 모색하는 비판적 문제 제기들에 귀를 기울이면서 야만과 지성의 그 정교한 경계를 구분해내야 한다. 표현과 해석의 자유 존중, 다양한 입장의 상호 경청, 그리고 그것을 향한 비판적 문제 제기를 서로 주고받으면서 다양한 사회적 약자들과의 연대를 확장해가는 것은, 좋은 시민사회를 만들어가기 위한 우리 모두의 지속적인 과제이다.

인간의 두 얼굴을
안다는 것

인간은 그 누구도 전적으로 선하거나 악하지 않다. 오히려 그 선함과 악함, 숭고성과 야만성이 한 개인 또는 집단 속에 공존하고 있다. 어떤 한 사건의 피해자라고 해서 영속적 피해자가 아니며, 가해자라고 해서 영구적 가해자가 아니다. 한 사람과 집단은 피해자에서 가해자로, 가해자에서 피해자로 될 가능성에 언제나 노출되어 있다. 다양한 역사적 자료들을 조명해보면 피해자와 가해자들의 위치가 권력 구조에 따라서 뒤바뀌는 보복의 정치학이 어느 곳에나 존재한다는 사실을 볼 수 있다. 즉, 인간은 '누구나' 그 야만성과 폭력성을 행사할 가능성을 지니고 있다는 것이다.

독일 린츠에 있는 마우트하우젠 유대인 수용소를 방문한

적이 있다. 그 수용소에서 천천히 여러 가지를 살펴보고 있었는데, 문득 나의 시선을 멈추게 한 사진이 있었다. 연합군의 승리 후, 수용소에서 해방을 맞이한 유대인들이 캠프에서 일하던 독일군 장교를 죽이고는 시체의 등에 '히틀러Hitler'라는 글자와 나치 표시를 그려놓고서 캠프의 철조망에 끔찍한 모습으로 걸어놓은 사진이었다. 그 사진은 그 독일군이 유대인들에게 얼마나 끔찍한 죽임을 당했을지를 적나라하게 보여주고 있었다. 철조망에 걸린 그 시체의 참혹한 모습은 보복의 정치학이 어떻게 한 인간 속에 있는 야만성을 작동시키는지를 상기하게 하였다.

위대한 예술가와 사상가를 무수하게 배출시킨 독일에서 유대인들을 가스실에서 처형하고, 시체에서 이용될 수 있는 모든 것을 빼내고, 그 다음에는 쓰레기처럼 처리하였다. 나치 치하의 독일인들은 유대인들만이 아니라 동성애자들, 공산주의자들, 육체적 또는 정신적 장애를 가진 아이들, 여호와의 증인들 등 다양한 집단의 사람들에게 폭력과 살상을 가했다. 이 끔찍한 나치 폭력의 희생자였던 유대인들은 해방 후 이스라엘 국가를 건설하면서 팔레스타인 사람들에게 갖가지 폭력을 가하고 있다. 폭력의 피해자가 권력을 얻었을 때 야만적 폭력성을 품어내며 거꾸로 가해자로 돌변한 것이다. 어떻게 이런 일이 가능한 것인가.

'지성적 로빈 후드Robin Hood'라고도 불리는 베르나르 앙리 레비Bernard Henri Levy는 《인간의 얼굴을 한 야만》이라는 그의 책에서, 인간이 추구하는 권력의 야만성을 날카롭게 분석했다. 그의 분석은 좌파든 우파든 상관없이 권력을 가지게 된 이들이 어떻게 권력의 유지와 확장 및 절대화를 위하여 폭력적 야만성을 드러내는가를 치밀하게 보여줬다. 그러한 측면에서 개별인이든 특정한 종교·문화·인종·민족에 근거한 집단이든, 한 인간이나 집단이 절대적으로 선하고 아름답다거나 반대로 절대적으로 악하고 추하다는 식의 매우 단순한 이분법적 시각에 언제나 회의적이고 비판적이다. 유대인들이 한때 절대적 피해자였다는 사실이 그들이 정치적·군사적·경제적 권력으로 팔레스타인에 사는 이들에게 폭력을 행사하는 가해자 역할을 하는 것을 정당화하지는 않는다.

일부 페미니즘 이론가 중에는 여성이 남성보다 더욱 평화를 사랑하고, 생명을 사랑하며, 덜 이기적이고, 비폭력적인 존재라고 보는 이들이 있다. 이 여성중심적 이론에 따르면 남성은 죽음사랑적necrophilic인 반면 여성은 생명사랑적biophilic이므로 이 세계를 더욱 평화로운 세계로 만들기 위해서는 여성들이 주류가 되는 '여성의 세계'를 창출해야 한다. 유사한 맥락에서 서양은 폭력적이고 공격적인 죽음을 사랑하는 문화인 반면 동양은 평화적인 생명을 사랑하는 문화라고 주장하는 이론가들이 있다. 이러한 매우 단순한 흑백의 이분법적 시각을 종교에 적용하는 이들도 있다. 예를 들어 불교는 평화적이고 생명을 사랑하는 종교이며, 이슬람·유대교·기독교는 공격적이고 지배적인 폭력적 종교라고 본다. 그러나 모든 제도화된 종교들은 폭력과 분쟁, 그리고 평화와 해방의 전통을 모두 지니고 있다.

그 양면성으로 인해 인간은 인간이 개입된 문화·종교·민족 등 제반 영역에서 오염되지 않은 절대 순수한 선이나 반대로 절대적 악의 체현으로서 존재한 적이 없다. 에드워드 사이드 Edward Said의 말처럼, 그 어느 민족도 덕이나 선을 독점하지 않는다. 또한 그 어느 문화·민족·종교도 절대적 악이나 추함으로만, 반대로 절대적 선이나 숭고함으로만 이루어질 수 없다. 이러한 사실은 인간이 자신의 권력을 절대화시키려는 욕망과 유혹에서 벗어나기 위해 비판적 성찰을 해야 한다는 것을 의미한다. 심지어 사회변혁을 위한 운동을 하는 사람들도 인간을 복합적으로 이해하고 비판적으로 성찰하는 것이 중요하다. 성차별·장애인 차별·성소수자 차별·계층 차별 등 다양한 얼굴의 차별·배제·억압의 문제를 변화시키고자 하는 변혁운동에 개입하는 이들이, 어느 한 부분에서 옳다고 해서 다른 부분에서도 그 옳음이 자동으로 보장되는 것은 아니다. 사회적 약자와의 연대나 정의의 이름으로 자신과 다른 입장을 지닌 사람들에게 언어적 폭력과 감정적 폭력을 가하는 것이 정당화되지 않는다. 예를 들어 차별을 당연시하는 사람이 있다면 그의 잘못된 관점은 비판해야 하지만, 그렇다고 해서 그 사람을 전적으로 부정하는 것은 파괴적이라는 것이다.

지금도 한국에서, 팔레스타인에서, 시리아에서, 그리고 무수한 곳에서 소중한 생명이 제도 또는 정치권력에 의하여 육체적·사회적·정신적 죽음을 경험하고 있다. 그 이면에는 인간의 권력 집착과 절대화라는 야만성이 자리 잡고 있다. 그러한 야만성과 폭력성은 한 인간이나 집단을 이분법적으로 구분 짓고 맹목적으로 비방하는 것이 아니라, 개인과 집단을 비판적으로 성찰하고 사회정치적으로 구체적으로 개입해야만 견제하거나 약화시킬 수 있다. 인간이 복합적이고 상충적이기까지 한 품성을 지닌 존재라는 사실을 인식하는 것은, 자기 자신을 비판적인 시선으로 지속 점검하는 것을 가능하게 한다. 야만성과 숭고함, 악과 선, 추함과 아름다움을 동시에 지니고 있는 인간의 패러독스적 특성을 잘 간파하는 것은, 우리가 살아가고 있는 이 현실 세계를 보다 정의로운 세계로 만들어가는 데 중요한 인식론적 이해의 기반이 될 것이다.

저항을 외면하는
네 가지 방식

인류의 역사는 저항의 역사이다. 인권과 정의의 적용 범주가 점차 확장되었던 것은 바로 차별적 가치와 제도에 침묵하거나 순응하지 않고 저항했던 사람들 덕에 가능했다. 시민 남성에게만 주어졌던 서구에서의 참정권도 소수의 저항자 덕분에 비로소 그 배타적 경계가 무너지고 흑인과 여성들에게도 주어졌다. 노예제도의 폐지나 여성들의 공공 교육권 획득 등이 가능하게 된 것도 그러한 부당한 제도에 저항했던 이들 덕분이다. 다수가 불가능하다고 하는 일을 가능하게 만든 것이 바로 저항자들이라는 것이다. 다층적 정의와 평등이 구체적으로 실현되는 세계를 만들어가기 위해서 우리에게는 여전히 저항이 필요하다. 한 사회에서 벌어지는 다양한 종류의 차별이나 억압의 문제, 또는 폭력과 참사 문제가 벌어졌을 때 그 문제를 만든 구조에 비판적으로 문제 제기하고 부당한 현실에 저항하는 것은 한 사회 구성원으로서의 책임이다.

한국과 같이 나이·직책·성별 등에 따라 다양한 위계주의가 여전히 중요하게 작동하는 사회에서 '저항'이란 매우 부정적으로 들릴지 모른다. 위계주의적 가치가 팽배한 사회에서는 윗사람의 말에 복종하는 것이 미덕이기 때문이다. 그러나 현재 우리가 누리는 자유란 기존의 구조가 인간의 자유를 억압하고 인간을 차별할 때 그것에 저항했던 이들이 치른 대가로 얻은 것이다. 위계에 복종하는 것보다 더 중요한 것은 인간의 존엄성과 평등성이 짓밟히는 것에 '아니오'하는 저항의 목소리를 내는 것이다.

그런데 여러 가지 문제에 저항하는 비판의 소리를 외면하는 이들이 언제나 등장한다. 이렇게 문제의 심각성을 외면하는 이들의 공통점 중의 하나는 반쪽 진리를 전체 진리로 만들면서 자신의 주장을 펼친다는 것이다. 주장의 내용은 50퍼센트 맞는 이야기에 근거해 있기에 그 말을 듣는 사람들이 쉽게 반박하지 못하고 설득되곤 한다. 이렇게 문제를 외면하는 이들이 사용하는 방식은 대략 네 가지 양태로 나타난다.

첫째, 왜곡된 '보편화' 방식이다. 세월호 참사가 일어났을 때 KBS의 보도국장이 교통사고로 죽은 수많은 사람의 수를 생각하면 세월호에서는 300여 명이 죽은 것이기에 그렇게 심각한 문제가 아니라는 발언을 했다. 교통사고에서 죽은 사람의 수가 세월호 참사에서 죽은 사람의 수보다 훨씬 많다는 것은 단지 반쪽만 맞다. 그 반쪽 진리를 가지고 '세월호 문제는 심각한 것이 아니다'라는 전체 진리를 정당화하는 것이다. 그러나 그양 죽음의 성격·과정·책임의 소재 등 근원적인 차이는 보지 않음으로써 결국 세월호 참사가 지닌 문제들을 왜곡한다. 우리의 현실 세계에서는 이렇게 왜곡된 보편화가 다양한 방식으로 벌어지고 있다.

둘째, '특수화' 방식이다. 이 방식은 보편화 방식과는 정반대의 접근을 한다. 예를 들어 누군가가 대학에서 성폭행을 당했다고 하자. 그럴 때 이 성폭행은 매우 개인적인 일이면서 동시에 사회 전체적인 문제들과도 연결되어 있다. 따라서 성폭행의 문제를 특정 대학에서 특정 개인에게만 일어난 사건으로만 보아서는 안 된다. 가부장제적 가치관과 남성중심주의적 사유 방식이 성폭력의 문제와 연계되어 있다는 것을 동시에 보아야 하는 것이다. 다양한 양태의 차별이 개인적이고 특별한 것만이 아니라 보다 구조적인 문제들과 연결되어 있다는 문제 제기에 '그것은 특별한 일'이라고 하면서 그 문제의 심각성을 보지 않는 것이 특수화 방식이다.

셋째, '사소화'의 방식이다. 사소화의 방식을 취하는 사람들은 어떠한 폭력·억압·차별·참사 사건이 일어났을 때, 그러한 것들을 바로잡으려고 문제 제기 하는 사람들을 향해 더 중요한 문제에 집중하라며 그 문제를 사소한 것, 덜 중요한 것으로 만들려고 한다. 예를 들어 한국 정부는 언제나 안보의 문제를 최우선으로 삼는다고 말한다. 그런 맥락에서 세월호 참사와 같은 사소한 문제로 국정을 흔들리게 해서는 안 된다고 하는 정치인들이 등장하곤 한다. 또 한국에서 1970년대에 여성운동이 서서히 확산되기 시작했을 때, 소위 진보 인사들은 '선 통일 후 여권'이라는 레토릭으로 한국사회의 가장 중요한 문제는 통일 문제이니 여성문제같이 '사소한' 문제는 나중에 다뤄야 한다고 강조했다. 흔히 '대를 위해 소를 희생'해야 한다는 논리는 종종 약자들의 문제를 중요하지 않은 사소한 문제로 만드는 데 쓰이곤 한다. 따라서 '누가' 중요한 것과 사소한 것을 결정하며, 어떠한 '관점'에서 그것을 결정하는가를 비판적으로 조명해 보는 것은 매우 중요하다.

넷째, '종교화'의 방식이다. 이러한 방식은 특히 기독교인들에게서 자주 나타난다. 예를 들어 한 목회자가 성폭력이나 헌금 횡령에 개입되었다고 하자. 그런데 이러한 경우 분명한 책임을 물어야 할 지점에서 '의로운 사람은 이 세상에 하나도 없으며 인간은 누구나가 죄인'이라며 이 문제의 심각성을 외면한다. '회개하면 용서받는다' 등의 기독교의 종교적 레토릭은 사회적이고 정치적인 문제를 종교적 또는 영적 문제로 돌려버린다. '누구도 완전한 사람은 없고 모두가 죄인'이라는 반쪽 진리로 문제를 문제로 보기를 거부하고 외면하곤 한다. 심각한 윤리적 문제를 이렇게 종교화하는 이들은 정작 자신과 조금이라도 다른 생각을 하는 이들에게는 이러한 종교적 관용을 베풀지 않고 극도로 정죄한다. 세월호 참사 이후 교회 목회자들은 설교나 다양한 매체에서 세월호 참사에 문제 제기를 하는 사람들을 오히려 문제가 있는 사람들로 만들면서 피해자들의 구체적인 문제 제기를 부당하다고 했다.

누군가가 '책상과 돼지는 모두 다리가 네 개이다. 그러므로 책상과 돼지는 같다'라는 주장을 한다면 그 주장의 허구성에 우리는 웃을 것이다. 책상이나 돼지는 우리 눈에 보이는 것이므로 '다리가 네 개'라는 반쪽 진리의 근거가 '책상과 돼지는 같다'라는 전체 진리를 뒷받침할 근거가 될 수 없다는 것을 바로 알아차릴 수 있다. 그러나 이러한 반쪽 진리가 눈에 보이지 않는 억압·차별·구조적 문제에 저항하고 문제 제기하는 것을 부정하고 외면하는 데 쓰이곤 하기 때문에 문제가 된다. 또 다른 예를 들자면 '여성과 남성은 평등하지만 다르다'라는 논리이다. 이 논지는 여성을 배제하는 제도에 저항하는 것을 오류로 돌린다. 여성과 남성이 생물학적으로 다르다는 반쪽 진리에 근거해서 정치적·경제적·종교적 차별들을 정당화하는 전체 진리로 만들어버린다. 생물학적 '차이'로 사회정치적 '차별'을 당연하게 여기는 주장의 근거로 사용하는 것이다.

21세기에 들어선 지금도 여전히 우리 사회에는 다양한 이유로 고통을 경험하는 이들이 많다. 성별·계층·성적 지향·나이·외모 등에 근거한 폭력이나 차별 때문에는 물론, 국가가 져야 할 책임을 제대로 수행하지 않아서 고통당하는 사람들이 있다. 이러한 부당한 문제들을 외면하는 이들은 사실상 그 문제적 현상 유지를 강화하거나 체제에 순응하는 사람들로 남는다. 지금보다 좀 더 나은 세계, 차별과 억압이 덜한 세계, 그래서 모든 이들이 평등한 존재로 살아갈 수 있는 세계를 만들어가는 한 걸음은 바로 우리 개별인들의 저항의식이 모여야 비로소 조금씩 가능하게 될 것이다.

나는 저항한다,
고로 존재한다

한 사회 속에 몸담고 살아간다는 것은, 사회가 우리에게 기대하고 지정하는 여러 가지 역할을 수행하면서 살아가야 한다는 것을 의미한다. 이러한 역할들은 나이·성별·사회적 위치·결혼 여부·직업·학업 과정 등 다양한 조건들에 따라서 부여된다. 그리고 이 부여받은 역할들을 얼마나 잘 수행해내느냐에 따라서 사회는 적절한 인정과 찬사로 보상한다. 이러한 역할 규정이나 보상 방식은 암암리에 사회적·경제적·민족적·종교적·문화적 환경에 둘러싸여 있는 우리의 사회적 삶 속에서 규정된다.

동시에 역할에 따라서 한 사람의 '고정 정체성fixed identity'이 형성된다. 사회는 이러한 고정 정체성을 강력한 사회적 통제 기능으로 이용한다. 다양한 사람들을 몇 가지의 범주로 분리하고, 그 분리된 상자 안으로 사람들을 밀어넣는다. 학생은 공부하는 존재가 정체성이고, 결혼한 여자는 양육과 가사 노동을 하는 존재가 그 우선적 정체성이며, 결혼한 남자는 집에 '빵'을 가져오는 존재가 그 주요 정체성이다. 그러나 한 인간은 단지 그가 수행하는 특정한 역할로만 규정되어서는 안 되는 존재이다. 여성 또는 남성이라는 생물학적 집단이나 역할의 명칭에 따라서 고정된 크기의 상자 속에 넣어버리는 고정 정체성의 문제는 여러 가지 시사하는 바가 크다.

그리스신화에 '프로크루스테스의 침대^{Procrustean bed}' 이야기가 나온다. 아티카에 사는 노상강도 프로크루스테스에게는 자신에게만 꼭 맞는 철 침대가 있었다. 그는 여행길에 붙잡힌 사람들을 자신의 철 침대에 눕혀서 그 사람이 그 철 침대보다 크면 다리를 자르고, 작으면 억지로 몸을 늘려서 그 침대의 크기에 맞게 하였다. 자신의 키가 모든 사람의 키에 절대적 기준이 되어야 한다고 생각했던 프로크루스테스는, 그에게 붙잡힌 사람들을 자신의 침대에 정확히 맞추기 위하여 몸을 억지로 늘리거나 잘라버리는 과정으로 결국 모두를 죽게 한다.

'프로크루스테스의 침대'는 어떠한 양태든지 간에 고정된 틀 속에 모든 사람을 맞추려 하는 일치성을 강요하는 시도가 얼마나 인간의 개별성과 다양성을 억누르며 그로 인해 인간을 사회적·실존적으로 죽이고 있는가를 보여주는 적절한 예이다. 특히 새로운 변화에 부정적이며 한 사람의 개체성과 다양성을 존중하지 않는 한국과 같은 사회에서 이러한 '프로크루스테스의 침대'는 무수한 사람들의 개별적 삶의 지향성을 짓밟고 창의성과 다양성을 억누른다. 사회 생활·결혼 생활·종교 생활·자녀 교육·직장 생활 등에서 주어지는 모든 종류의 역할들은 일정한 틀로 형성된 고정 정체성을 지니고 있다. 이러한 상자 속의 정체성에서 벗어나는 개인은 '프로크루스테스의 침대'의 크기에 들어맞지 않는 사람들처럼 사회적 죽음을 경험하게 된다.

한국사회는 아이들이 공교육의 구조에 들어가자마자 그들에게 '학생'이라는 집단적 고정 정체성을 강요한다. 어른들은 아이들이 학생이라는 역할의 침대에 자신의 크기를 잘 맞출수록 통제하기가 수월하므로 칭찬한다. 그러나 그 침대의 크기에 맞지 않는 아이들은 '불량한' 학생·'나쁜' 학생·'실패한' 학생·'문제아'라는 범주로 몰아넣음으로써 사회는 그들에게 사회적 죽음을 선고한다. 여성은 어떤가. 한국의 여성은 결혼하자마자 누군가의 아내·며느리·엄마 등의 집단적인 고정 정체성을 부여받는다. 가정에서, 학교에서, 직장에서, 사회에서 그들은 더 이상 고유명사로서의 개별 존재가 아니다. 그들이 어디를 가든 사회가 형성한 그 고정 정체성의 침대에 잘 맞는 사람은 '좋은' 엄마·며느리·아내로 칭송받지만, 그 침대에 들어맞지 않는 여성들은 '나쁜' 엄마·며느리·아내라는 명칭을 부여받고 사회적 죽음을 경험하게 된다. 이러한 사회에서 한 개인의 개체성·독특성·창의성은 사회적 '프로크루스테스의 침대' 위에서 제거된다.

사회적 약자로 살아가는 이들, 사회의 주류에 속하지 못하는 주변부인들에게 가해지는 '프로크루스테스의 침대'의 횡포는 지금도 여전히 한국의 다양한 자리에서 자행되고 있다. 그러한 다양한 예들이 지닌 공통점이 있다면, 가정이나 사회를 막론하고 그 집단의 강자들이 아닌 약자들에게 강요된다는 것이다. 권력을 지닌 사람들의 개별적 선택과 삶의 방식온 최대로 존중받는 반면, 나이·성별·지위·성적 지향 등에 따른 약자들은 그 개별적 삶의 양식이나 개성이 무참히 거절되고 일정한 크기의 상자 속으로 밀어넣어진다. 그들은 개체적 단수單數가 아닌 집단적 복수複數일 뿐이다. 복수로서의 삶만을 강요하는 사회, '프로크루스테스의 침대'에 자신의 키를 맞추어야만 생존할 수 있다고 강요하는 사회에서 단지 '생명을 유지하는 것'이 아닌 '살아있는 것'은 과연 무엇을 의미하는가.

"나는 생각한다, 고로 존재한다"라는 근대 인식론의 문을 연 데카르트René Descartes의 명제는, 진정한 앎에 도달하기 위하여 사물을 끊임없이 의심하고 있는 '생각하는 나'는 더는 의심할 수 없다는 것을 말한다. 그러나 이 명제는 내가 생각하는 존재만이 아니라 진정으로 '살아있는 존재'로서 이 삶을 경험하게 하는 데 충분한 조건을 명시하지는 않는다. 인간은 육체적 배고픔이 충족된 후에도 여전히 정신적 배고픔을 느낀다. 즉, 삶의 의미를 묻는 그 정신적 배고픔의 충족을 위한 시도들이 바로 예술·종교·문학·철학의 세계를 낳았다. 고정된 상자 속에 개별적 인간을 제한하고 가두어버리는 집단적 고정 정체성에 자기 삶의 키를 맞추라는 사회적 요구가 비합리적으로 강화될수록, 그 사회의 다양한 약자들은 개별적 존재로서의 자신의 살아있음의 의미를 묻기를 포기하게 된다. 물음의 포기만이 그들이 고정된 상자에서 그나마 편안하게 살 수 있는 방식이기 때문이다.

인간의 살아있음이란 이렇게 상자 속의 고정적 틀 속으로 들어가버리는 것이 되어서는 안 된다. 살아있음은 오히려 그 틀을 자유의 공간으로 만들도록 저항하는 것을 의미한다. 고정적 틀을 모두 해체하고 사라지게 할 수 없다면, 그 틀을 이전보다는 좀 더 넓게 확장하는 시도를 해야 한다. 그 사회적 틀에 저항하고 고정된 경계를 조금씩이라도 확장하고자 하는 것이야말로 인간으로 존재하는 것이다. 이미 고안된 틀 속에 들어가버린 삶, 그 틀이 제시하는 역할만을 하면서 살아야 하는 삶, 또는 집단적 고정 정체성에 자신을 맞추려고만 애쓰는 삶은 사실상 '사는 것'이 아닌 각본에 따른 드라마를 무대 위의 연기자처럼 '연기하는 것'이다.

한 개별적 존재를 집단적 틀에 매몰시키는 집단적 고정 정체성과 한 개인이 수행해야 하는 역할들로만 규정되는 현실에 저항하는 것은, 새로운 '개별적 가변 정체성'에 의하여 조금씩 가능하기 시작한다. 개별적 가변 정체성은 쉽게 파악하기 어렵고, 유연하며, 통제에 저항적이고, 변화에 개방적이라는 점에서 '집단적 고정 정체성'과 분명한 대조를 이룬다. 이러한 정체성은 틀에 짜인 정체성이 아니라 살아 움직이는 정체성이다. 이 개별적 가변 정체성은 나는 누구인가, 이 세계에서 나의 살아있음의 의미는 무엇인가, 내가 이 세계에서 해야 할 일과 하고 싶어 하는 일은 무엇인가와 같은 성찰을 멈추지 않게 한다. 이러한 살아있는 정체성이 한 가정에서, 공동체에서, 사회에서 존중될 때 비로소 '해야 하는 일'과 '하고 싶은 일'의 엄청난 거리는 점점 좁혀질 것이다. 고정된 집단 정체성에 저항하는 것, 그것은 우리의 존재함이 단지 생명을 연장하는 것이 아닌 살아있음의 의미를 지닌 것이라는 작은 인식의 문을 열어주는 것이다.

정의와 미소,
그리고 환대

정의란 무엇인가. 매우 복잡한 과정을 거쳐야 비로소 이 질문에 일부분이라도 답할 수 있다. 분명한 것은, 정의는 주장하는 사람의 위치에 따라서 매우 다른 기능으로 작동한다는 점이다. 이 점에서 정의는 두 얼굴을 지닌다. 폭력과 보복의 얼굴, 그리고 연민과 환대의 얼굴. 폭력과 보복의 얼굴을 지닌 정의는 특정 그룹의 권력 강화와 이익 증진을 위하여 국가·정치 집단·시민 집단 또는 파괴적 분노에 사로잡힌 개인들이 호명하는 정의이다. 반면 사회적 약자들의 권리와 평등한 삶을 증진하고자 다층적 운동을 하는 이들은 환대와 미소의 얼굴을 한 정의를 실천한다. 그런데 정의라는 말을 들을 때 환대나 미소를 떠올리는 사람은 많지 않을 것이다.

정의를 이루기 위한 헌신과 열정은 불의를 경험하는 타자의 고통을 함께하는 연민의 감정에서 출발한다. 연민의 영어 말은 'com-passion'인데, '함께 고통함suffer-with'의 의미를 지닌다. 연민은 타자의 고통을 목격하면서 지성적으로만이 아니라 몸과 마음으로 그 고통을 함께 느끼는 것이다. 이러한 연민은 타자의 고통을 단지 감정적으로만 함께 느끼는 것에 머물지 않고, 그 고통을 야기하는 원인을 바로잡기 위한 적극적 개입을 하게 하는 동력이다. 이 동력은 공공 세계에서 공동의 정치적 공간을 창출하게 한다는 점에서 감정적 반응만이 아니라 비판적 실천이며, 사회정치적 운동의 터전을 이룬다. 그런데 이 지점에서 연민과 동정의 차이를 이해할 필요가 있다. 많은 이들이 연민과 동정을 유사한 감정이라고 생각하지만 분명한 차이가 있다. 연민은 정의와 연계될 수 있지만 동정은 정의의 실현을 오히려 막을 수 있기 때문이다.

동정의 영어 말은 'sympathy'인데, 이 말은 희랍어의 '함께syn'와 '감정pathos'에서 나온다. 즉, 동정의 문자적 의미는 '함께-느낌'이다. 어려움을 당한 사람의 느낌에 동조한다는 것이다. 물론 이러한 동정의 감정은 중요하다. 그러나 이 동정의 감정은 이 지점에서 끝난다. 어려움을 당한 사람을 불쌍하게는 여기지만 그 불쌍함의 감정이 '나'와 연계되지 못한다. 동정의 한계이다. 반면 연민은 단순한 감정적 느낌만이 아니라 공평성·정의·인간의 상호 의존성에 관한 인식을 담고 있다. '함께-고통함'

에서 머물지 않고 그러한 고통과 아픔이 야기되는 원인들을 제거하기 위한 적극적 개입을 하게 하는 동력으로 이어진다. 동정과는 달리 연민을 지닌 사람에게는 그 연민의 대상자를 향한 여타의 윤리적 위계의식이 없다. 연민의 감정은 인간의 상호 의존성에 대한 인식과, 동료 인간으로서 함께 살아가야 한다는 과제와 책임의식에 근거하기 때문이다. 진정한 정의가 바로 동료 인간에 대한 연민의 감정으로부터 출발해야 하는 이유이다.

언급했듯이 연민은 공동의 정치적 공간을 창출하는 강력한 동기를 부여하면서 정의와 평등, 그리고 평화를 파괴하는 것에 반대하고 저항하는 행동을 구체적으로 하게 한다. 자크 데리다는 바로 이렇게 비판적 실천으로 나아가게 하는 연민이야말로 폭력과 분쟁, 전쟁과 차별이 난무하는 이 현대 세계에서 인간의 "함께 살아감의 가장 근원적인 존재 방식"이라고 한다. 진정한 의미의 환대란 바로 그 타자들을 향한 연민, 그리고 그들의 존재를 그 자체로 받아들이고 환영하는 행위이다. 이러한 맥락에서 정의란 환대를 의미한다.

그런데 정의에 헌신하는 사람들이 경계해야 할 것이 있다. 자신의 입장을 절대화해서는 안 된다는 점이다. 정의란 추상적인 개념이 아니다. 매우 구체적이며 특정한 정황과 연결되어 있다. 자신이 개입하는 한 종류의 정의에 예민하다고 해서 자동으로 다른 종류의 정의 문제에도 열려 있는 것은 아니다. 연민으로부터 출발한 어떤 한 종류의 정의에 헌신하고자 하는 이들은 종종 자기가 '의롭다는 의식self-righteousness'을 절대화하는 오류를 범하곤 한다. 자신이 하는 일에 동조하지 않거나 자신의 방식과 다른 방식으로 일하는 사람들을 향해서 적대적인 이들은 타자를 계몽과 계도의 대상으로만 볼 뿐, 자신 속에도 인식론적 사각지대가 있을 수 있다는 가능성을 생각하지 않는다.

예를 들어 인종적 정의에 헌신하는 이들이 젠더 정의에는 전혀 의식이 없다든지, 반대로 젠더 정의에 예민한 사람들이 인종적 불의나 성소수자에게 가해지는 불의의 문제에는 의식이 없는 경우들도 많다. 이럴 때 서로가 지닌 정의에 헌신함에도 불구하고, 자신과 다른 입장의 사람들을 적대의 대상으로 보거나 그들을 악마화까지 하고 정죄하는 경우가 있다. 이런 경우 정의의 몸짓은 인간의 얼굴을 상실하게 된다. 한 종류의 정의에 헌신한다고 하는 이가 인간의 얼굴을 상실할 때, 그 얼굴은 타자를 향한 미소 역시 상실하게 된다.

정의에 헌신하기 위해서는 인간을 복합적으로 이해하는 것, 즉 인간의 인식론적 한계는 물론 한 인간이 지닌 상충적이기까지 한 다층적 성품들을 이해하는 것이 필요하다. 진보든 보수든 자신의 입장을 절대화하는 순간, 그는 자신이 헌신하고자 하는 바로 그 정의의 정신을 배반하게 된다. 이 점에서 정의란 '미소'와 분리해서는 안 된다. 미소는 타자를 향한 환대의 다른 이름이다. 진정한 정의 역시 타자를 향한 연민과 사랑에서 출발한다. 미소란 인간이 자신의 '인간됨humanity'을 유지하고 드러내는 참으로 중요한 언어 너머의 언어이다. 미소 없이 타자를 환영하는 환대·사랑·우정은 불가능하다. 여기에서 미소란 실제적인 미소이기도 하고 메타포로서의 미소이기도 하다. 어느 상황에서도 자신과 다른 타자를 악마화하고 정죄하는 태도를 거부한다는 의미이기도 하다. 즉 무작정 어느 상황에서나 웃기만 하라는 것이 아니라, 타자와의 관계에서 자신의 인간성을 상실하지 말아야 한다는 철학적 의미를 지닌 메타포로서의 미소이다.

성차별·인종차별·장애인 차별·계층 차별 등 다양한 양태의 차별과 배제 때문에 아픔과 고통을 당하는 사람을 향한 연민으로부터 출발하는 정의에 헌신하는 것이 자기 자신의 절대화로 고정되는 순간, 정의는 이념적 교조주의로 변질된다. '미소 없는 정의'는 그 정의의 이름으로 또 다른 종류의 폭력을 행사할 수 있는 위험에 노출되어 있다는 것을 인류의 역사는 보여주고 있다. 인간은 정의의 이름으로 타자를 악마화하곤 하며, 국가는 정의의 이름으로 자신의 이득을 극대화하기 위하여 약한 나라를 침략하는 전쟁을 정당화해왔다. 여타의 다양한 종류의 정의에 예민하고 헌신하는 사람이 타자를 향한 따스한 연민의 시선과 미소를 상실할 때, 또 다른 양태의 폭군이 될 수 있다. 정의에 미소가 부재할 때, 정의가 궁극적으로 추구하는 '평화롭고 평등하게 모두가 함께 살아가는 세계'를 지향하는 것이 불가능하다는 것을 우리는 끊임없이 자신에게 상기시켜야 할 것이다.

새로운 세계를 향한
'낮꿈'과 대안

대안 찾기의 선행조건

정의로운 세계를 향한 우리의 갈망은 인간이 지금보다 나은 세계를 꿈꾸는 존재라는 것을 보여준다. 물론 무엇이 지금보다나은 세계인가는 개인들이 지닌 가치관이나 세계관에 따라 각기 다르다. 개인들이 살아가고 있는 구체적인 삶의 정황에 따라서 우리가 바라는 '보다 나은 세계'의 표상은 다양할 수밖에 없다. 그런데 확실한 것이 하나 있다. 개인적 삶에서든 사회적 삶에서든 기존의 세계는 완전하지 않기에 늘 뭔가가 결여되어 있다는 점이다. 완전한 세계는 언제나 '아직-아닌-세계'로 남아있다. 그렇기에 우리는 지금보다 나은, '아직-아닌-세계'를 각기다른 방식으로 꿈꾼다.

철학자 에른스트 블로흐Ernst Bloch는 그의 책《희망의 원리》

에서 새로운 세계를 향한 인간의 꿈을 '낮꿈daydreams'이라고 명명한다. '낮꿈'을 통해서 인류의 문명은 무수한 변화와 변혁을 거듭해왔다. 이러한 의미에서 보자면 우리 모두는 '낮꿈'을 꾸는 존재들이다. 그런데 막연히 꿈만 꾼다고 해서 그것이 구체적인 변화를 가져오는 것은 아니다. 막연한 꿈꾸기는 몽상에 머물며, 구체적 변화를 가져올 수 없다. 진정한 '낮꿈'이란, 지금의 현실을 변화시킬 수 있는 변혁적 실천이 동반되는 꿈이다. 많은 이들이 찾고자 하는 대안은 바로 이러한 변혁적인 '낮꿈'의 결과들이기도 하다. 이 책에 실린 글들은 이러한 '낮꿈 꾸기'로의 초대장이기도 하다.

그렇다면 사회정치적 차원에서 지금보다 나은 미래 세계를 위하여, 지금의 문제적인 구조보다 나은 대안을 찾기 위하여 선행되어야 하는 것이 있는가. 대안을 찾는 과정에서 우선 선행되어야 할 것이 있다면 그것은 '지금'에 대한 비판적 성찰이다. 그 비판적 성찰은 기존의 현실에서 무엇이 결여되어 있고 무엇이 변화되어야 하는가를 보도록 하기 때문이다. 그렇기에 어떤 특정한 사안들에 비판적 문제 제기를 하는 것은 모든 변화의 중요한 출발점이다. 비판적 문제 제기가 결여된 대안이란, 대부분 권력을 지니고 있는 이들이 자신들의 권력과 이득을 확장하기 위한 현상 유지적인 장치일 경우가 많다.

차별과 배제를 은밀하게 가리는 현실 구조를 심층적·다층적·비판적으로 분석하는 것은 인류의 문명사에서 정의·평등·권리의 원을 확장하기 위한 변화에 없어서는 안 되는 필수 요소이다. 모든 이들의 정의·평등·권리의 확장이라는 목표와 관점을 가진 비판적 성찰과 문제 제기를 통해서, 다양한 근거로 사회의 주변부인으로 살아온 사람들이 정의와 평등의 적용 범주에 들어가기 시작했다. 그런데 특정한 정황에 비판적 문제 제기를 할 때, 그러한 비판에 냉소적인 반응을 하는 사람들이 있다. 그들이 묻는 것은 '그럼 대안은 무엇인가?'라는 것이다. 이렇게 일방적으로 타자에게 던져지는 질문이 그 내용의 중요성에도 불구하고 냉소적으로 작동하는 이유는, '대안 찾기란 과연 무엇인가'에 대하여 알려는 진지성이나 적극적 의지를 결여한 채 그런 질문을 던지기 때문이다. 이 질문이 오히려 스스로를 향해 진지하게 묻는 것일 때 질문의 중요한 의미가 살아난다. 대안을 찾고자 하는 이들은 우선 현실의 복합적인 구조에서 무엇이 문제이며, 그 문제의 원인이 무엇인가를 심층적으로 조명하고 분석해내는 비판적 성찰을 해야 한다.

'보편적 대안'은 없다

개인적인 삶에서든 사회정치적 삶에서든 변화를 모색하는 이들이 기억해야 할 것이 있다. 그 누구도 모든 정황에 맞는 보편적 대안이나 해답을 제시할 수 없다는 것이다. 그런데 많은 이들은 자신의 개인적 삶에서조차 자신이 아닌 타자가 제시하는 대안에 목말라한다. 그래서 소위 유명 인사들이 쓴 자기계발서나 힐링서들이 서점 가에서 베스트셀러 항목에 들어가곤 한다. 물론 그러한 책들에서 자신에게 필요한 것을 찾을 수도 있을 것이다. 그러나 분명한 것은 그 책의 저자들이 나를 대신해서 나의 삶을 살아줄 수는 없다는 점이다. 그 저자들은 내가 삶에서 갈망하는 것, 희망하는 것, 이루고 싶어 하는 것 등을 전혀 알지 못하기 때문이다. 이러한 의미에서 보자면 우리가 직면하고 있는 문제들에 관하여 누구에게나, 또 모든 정황에서 작동되고 적용될 수 있는 보편적 대안이나 해답은 없다.

보편적 대안이 가능하다고 생각한 것이 바로 모더니즘적 사유의 결정적 한계이다. 시간과 공간을 초월하여 모든 곳에 들어맞는 보편적 대안이나 절대적 해답이 있다고 생각하거나, 또는 그러한 대안을 무비판적으로 받아들이는 것은 오류이다. 포스트모더니즘이 모더니즘에 근원적인 문제 제기를 하는 지점이다. 보편적 대안이 있다고 하는 사람들이 만들어낸 것이 바로 '거대 서사grand narratives'이다. 보편적 대안으로서의 '거대 서사'는 많은 경우 이미 이 세계의 중심부에 있는 사람들의 위치를 강화시키고 그들의 권력과 권위를 강화하고 확장하는 데 기여해왔다. 아이·여성·장애인·성소수자·인종적 소수자·경제적 빈곤층들이 사회의 주변부에서 살아오게 된 이유이다.

포스트모더니즘은 모더니즘이 추구하던 인간의 자유와 평등을 향한 비전이 거대 이론이나 보편 대안 담론 때문에 진정한 의미의 자유나 평등을 실현하는 데 스스로 근원적인 오류를 만들었다고 비판한다. 유럽이 만든 이 세계를 위한 보편 대안으로서의 거대 담론들은 결국 유럽·남성·중산층·기독교인들을 세계의 중심에 서게 했다. 더 나아가 비서구 세계를 자신들이 만든 기준으로 '개발'시키고, 기독교로 개종시켜야 할 '미개인들'로 간주했다. 이러한 맥락에서 서구 모더니즘은 서구 식민주의와 분리할 수 없으며, 분리해서도 안 된다. 모더니즘은 거대 이론들로 구성된 소위 '보편 대안'으로 모더니즘이 지향하는 이상을 스스로 배반하는 모순을 만들어 낸 것이다. 더 나은 세계에 관한 거대 서사로서의 보편 대안들이 약자들을 식민화하고 그 지배를 정당화하는 기제로 작동했기 때문이다.

지금도 여전히 이러한 보편 대안에 목마른 사람들은 자신 밖의 외부 세력이 자신을 지배하도록 허용한다. 그러나 현대 세계에서 나에 대한 타자의 식민화는 매우 은밀한 방식으로 진행되기에 스스로 인식하지 못한다. 예를 들어 스스로 사유하는 '고독의 시간과 공간'을 가지기를 회피한다면, (그것이 사람이든 대중 매체든 사회나 국가든) 외부 세력이 나를 대신하여 내 삶의 방향과 대안을 결정하게 하는 '식민화'의 문을 열게 된다. 스스로 사유하고, 읽고, 고민하고, 대안을 찾으려고 씨름하는 과정에 들어서야 비로소 자신의 정황과 연계된 대안의 실마리를 조금씩 찾아나갈 수 있을 것이다.

대안의 세 가지 요소

대안 찾기란 매우 치열한 분석, 고민, 그리고 씨름의 과정이다. 이 점에서 "이론은 연장 상자"와 같으며, "이론은 실천"이라는 질 들뢰즈^{Gilles Deleuze}의 통찰은 새롭게 변화한 세계를 갈망하고 대안을 모색하는 이들이 늘 기억해야 할 중요한 모토가 된다. 우리의 구체적인 정황을 분석하는 '연장'으로서의 이론들이 현실 세계에 다층적인 문제 제기와 비판적 저항을 하는 것을 가능하게 하기 때문이다. 그의 말은 이론과 실천을 이분법적으로 보는 전통적인 이론 이해를 근원적으로 뒤집는 중요한 의미를 지닌다. 비판적 문제 제기를 통한 비판적 저항은 복합적 이론들을 통해서 가능하며, 이러한 과정을 거쳐 보다 분명하고 설득력 있는 대안들이 모색되어야 한다. 여성운동, 노동운동 등 다양한 사회운동을 하는 집단에서 종종 볼 수 있는 '반反이론주의'는 오히려 그 변혁운동을 폭넓게 확산하고 성숙시키는 데 장애가 될 수 있는 이유이다.

문제를 문제로 보는 것은 저절로 가능하지 않으며, 그를 위해서는 복합적이고 다층적인 분석 도구가 필요하다. 예를 들어 생물학적 여성이라고 해서 저절로 다층적 성차별이나 가부장제적 가치 구조를 아는 것은 아니다. 가부장제 사회에서 페미니즘에 거부감을 느끼고 오히려 반대자의 역할을 하는 이들 중에 여성도 많다. 그러한 여성들은 가부장제적 가치를 내면화함과 동시에 그 구조에서 살아남기 위한 생존의 테크닉을 체현하며 살아가고 있는 것이다. 또 식민지하에서 억압의 경험을 했다고 해서 모두가 그 억압적 상황의 문제를 보게 되고 변혁된 세계를 갈망하는 것도 아니다. 착취당하는 노동자들이라고 해서 자동적으로 그 착취 구조를 파악하는 것 역시 아니다. 성급한 대안 요구 이전에 비판적 문제 제기를 진지하게 경청해야 하는 이유이다. 문제를 문제로 보게 되는 비판적 사유에서 비판적 저항이 시작된다. 더 나아가 문제를 문제로 보기 시작하는 것으로부터 보다 나은 세계를 위한 대안 찾기의 첫 발걸음이 시작된다. 그렇게 비판적 문제 제기를 한 이후에 찾을 수 있는 대안은 세 가지 중요한 특징을 지닌다.

첫째, 언제나 '정황 특정적'이다. 여타의 대안들은 구체적인 자신의 정황 속에서 구상되어야 한다. 그래서 그 특정한 정황을 변화시킬 수 있는 크고 작은 대안과 단기적 또는 중장기적 대안을 끈기 있게 모색하고 찾아나가야 한다. 어떤 유명 인사가 '인생의 해답'이라고 제시한다고 해서 그것이 자신의 삶에서 모색하는 길과 맞는 것이 아니다. 자신 스스로 비판적 사유로 해답을 찾고 만들어내야 한다. 그를 위한 비판적 사유란 내가 나와 대화하는 것으로부터 시작되며, 고독의 시간과 공간 속에서 일어나는 사건이다. 자신과 진정한 대화를 하면서 그 속에서 비로소 현재를 넘어서는 대안의 갈래들을 조금씩 만들어가야 한다. 이렇게 나 자신이나 내가 개입하고 있는 집단의 특정한 정황 속에서 스스로 대안을 만들어가면서 보다 나은 세계를 향한 발걸음을 한걸음씩 떼는 것이다.

둘째, '잠정적'이다. 그 어떤 위대한 대안도 평생 지속되는 것은 없다. 오늘 찾은 대안이 내일도 작동하는 유효한 것이 아닐 경우가 많다. 모든 대안은 특정한 정황 속에서 모색되는 것이며, 정황이란 고정불변이 아니라 끊임없이 변하기 때문이다. 이 대안의 잠정성을 받아들이지 않으면 오늘의 대안은 절대화되고, 그것이 오히려 새로운 가능성의 등장을 가로막는 방해물이 될 수 있다. 또한 한 단체나 운동 집단에서 오늘 작동하는 하나의 대안을 영구적인 것으로 간주하게 될 때, 다른 가능성과 대안들을 억누르는 또 다른 권력 장치로 변질될 수 있다.

셋째, '부분적'이다. 인간의 인식론적 또는 경험적 한계 때문에 우리의 모든 대안은 언제나 부분적일 뿐이다. 자기 생각을 절대화하지 않는 인식론적 겸허성은, 자신이 한때 찾은 대안을 고정시키고 자신에게 매어놓는 '대안의 감옥'에 자신을 스스로 갇히게 하지 않게 한다. 어떠한 대안이라도 그것은 완벽한 대안이 아니라 언제나 부분적인 것이라는 인식은 자기 절대화의 위험성으로부터 우리를 보호한다.

내 삶의 주인은 나 자신이다. 이 단순한 진리를 우리는 종종 잊는다. 이러한 사실을 망각할 때 여러 가지 문제가 생긴다. 나의 성공이나 행복의 기준을 스스로 만드는 것이 아니라 사회가 만들어준 규격 속에 넣는다. 그 규격화된 기준에 자신이 들어맞지 않을 때 열등감에 시달리고 절망한다. 이러한 규격화된 성공과 실패의 기준으로 인한 문제점은, 개인적 차원에서만이 아니라 집단적 차원에서도 볼 수 있다. 지금보다 더 나은 새로운 세계를 향한 '낮꿈'을 꾸면서 다양한 양태의 사회변혁운동을 하는 단체들도 유사한 문제와 딜레마를 마주하곤 한다. 그 운동의 성공 또는 실패를 외부에서 규정한 대로 따라가는 경우 발생하는 문제이다. 다양한 사회운동 단체 역시 개인들처럼 각기 다른 정황 속에서 성공이나 실패의 기준을 그 단체 스스로 논의하고 규정해야 한다. 한 집단의 큰 목적이 다른 단체와 유사하다고 해도 각 단체는 그 단체만이 지닌 고유한 정황이 있다. 따라서 각기 다른 사회운동 단체가 자신들만의 성공과 실패의 기준, 그리고 미래를 위한 대안을 '스스로' 치열하게 고민하며 만들어가야 한다.

외부자에 의존하지 말고 나 스스로 행복과 성공의 기준을 만들어가야 한다. 또한 '현재의 나'만이 아니라 새롭게 '만들어져가는 나'가 있다는 사실을 기억하고 내가 지금은 볼 수 없는 가능성을 향한 문을 열어놓아야 한다. 즉각적 대안을 성급하게 찾으려 하지 말고 끈기 있고 치열한 비판적 성찰로 문제를 분석하면서, 한 걸음 한 걸음 자기의 삶에서 필요한 대안들을 만들어나가는 것이 우리가 택할 수 있는 최선의 선택이다.